魅力新疆 系列丛书

古韵新疆

高 敬 编著

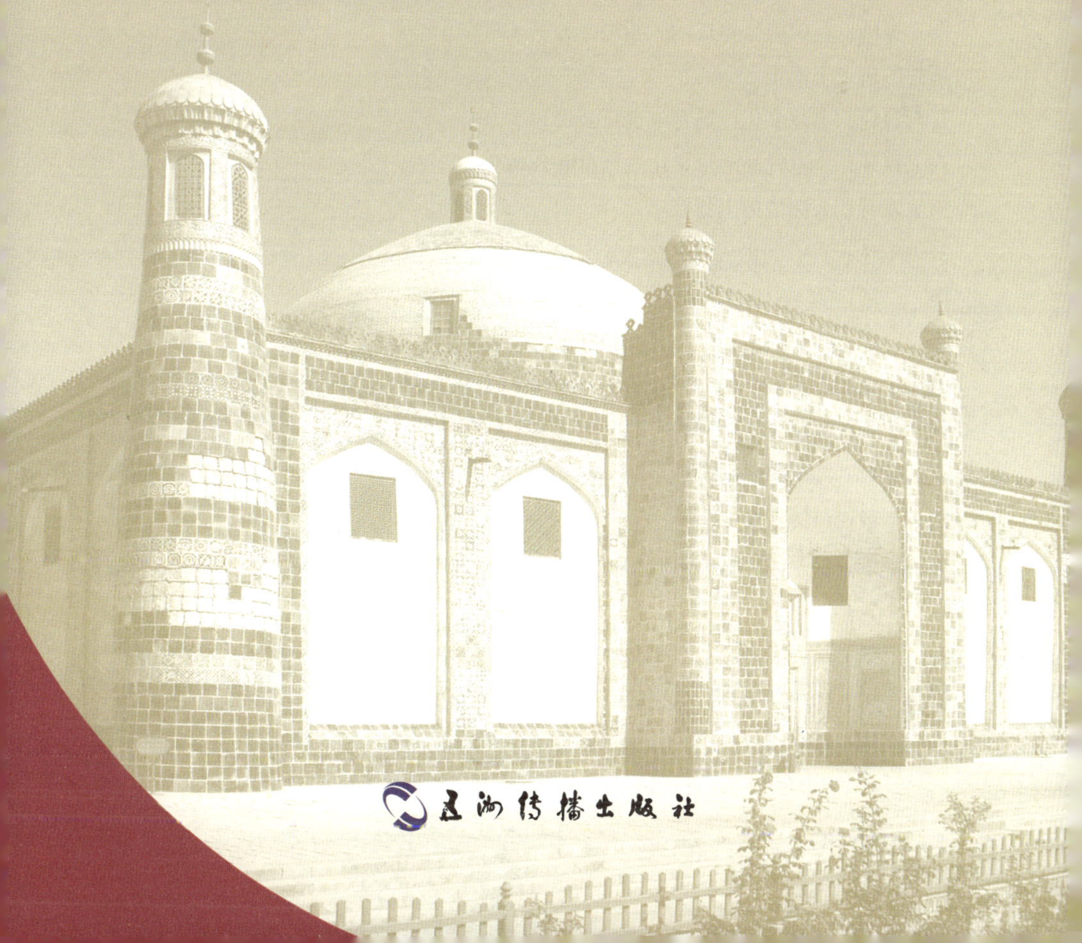

五洲传播出版社

图书在版编目（CIP）数据

古韵新疆/高敬编著. — 北京：五洲传播出版社，2013.6
（魅力新疆）
ISBN 978-7-5085-2521-1

Ⅰ.①古… Ⅱ.①李… Ⅲ.①文化遗产-介绍-新疆 Ⅳ.①K294.5

中国版本图书馆CIP数据核字(2013)第099146号

古韵新疆

编　　著：	高　敬
审　　读：	静瑞彬
图片提供：	新疆维吾尔自治区新闻办公室　CFP
责任编辑：	宋博雅　张彩芸
封面设计：	丰饶文化传播有限责任公司
内文设计：	北京优品地带文化发展有限公司
出版发行：	五洲传播出版社
社　　址：	北京市北三环中路31号生产力大楼B座7层
电　　话：	0086-10-82007837（发行部）
邮　　编：	100088
网　　址：	http://www.cicc.org.cn　http://www.thatsbooks.com
印　　刷：	北京光之彩印刷有限公司
字　　数：	70千字
图　　数：	110幅
开　　本：	710毫米×1000毫米　1/16
印　　张：	10.5
印　　数：	1—3000
版　　次：	2014年8月第1版第1次印刷
定　　价：	48.00元

（如有印刷、装订错误，请寄本社发行部调换）

出版前言

新疆维吾尔自治区（简称新疆）地处中国西北边陲，面积166.49万平方公里，占中国国土面积的1/6，陆地边境线5600多公里，周边与蒙古、俄罗斯、哈萨克斯坦、吉尔吉斯斯坦、塔吉克斯坦、阿富汗、巴基斯坦和印度8个国家接壤，是古丝绸之路的重要通道。

新疆有长达数千年的文明史，自古以来就是一个多民族聚居和多宗教并存的地区。从西汉时期（公元前206年至公元25年）开始，它成为中国统一的多民族国家不可分割的重要组成部分。

新疆是中国5个少数民族自治区之一，现有55个民族成分，主要包括维吾尔、汉、哈萨克、回、柯尔克孜、蒙古、塔吉克、锡伯、满、乌孜别克、俄罗斯、达斡尔、塔塔尔等。2013年末，新疆总人口约为2264.30万人，其中少数民族人口约占61%。

新疆有数不清的名胜古迹，有充满传奇色彩的历史故事，有灿烂的民族文化、浓郁的民族风情、多元的宗教信仰；这里地处欧亚大陆腹地，有独特的自然条件，地形多种多样，风光雄浑壮美；这里物产丰饶，有丰富的矿产资源，牛羊成群，粮棉遍野，瓜果四季飘香……新疆是个散发着神奇魅力的地方！

为了让国内外的广大读者了解一个立体的、鲜活的、开放的新疆，我们编辑出版了这套"魅力新疆"丛书。本丛书共10册，分别介绍新疆10个方面的基本情况。希望本丛书能带您展开一段"魅力新疆"之旅。

2014年8月

目 录

◇**古老文明的见证——远古遗迹** / 1
　生殖崇拜的画卷——康家石门子岩画 / 2
　草原上的千古之谜——新疆石人 / 5

◇**远去的辉煌——古城遗址** / 9
　神秘莫测的城堡——楼兰古城 / 10
　世界上最完美的废墟——交河故城 / 13
　火焰山下的繁华——高昌古城 / 16
　来不及关窗的谜题——尼雅古城 / 21
　丝绸之路上的要地——北庭故城 / 23
　神奇的石建筑——石头城 / 28
　能歌善舞的国度——龟兹故城 / 32
　东西文化的交融地——米兰古城 / 36

◇**神圣的皈依地——宗教建筑** / 39
　龟兹古国的遗珍——苏巴什佛寺 / 40
　中国最大的清真寺——艾提尕尔清真寺 / 43
　库车的瑰宝——库车大寺 / 48
　"又高又大"的清真寺——汗腾格里寺 / 52
　"圣仁仁慈之庙"——昭苏圣佑庙 / 54

◇ 峭壁上的佛音——石窟艺术 / 59
　　龟兹石窟之首——克孜尔石窟 / 60
　　深山细水间的森木塞姆千佛洞 / 65
　　"汉风窟"——库木吐拉石窟 / 68
　　辉煌远去后的克孜尔尕哈石窟 / 72
　　回鹘佛教艺术宝库——柏孜克里克千佛洞 / 76

◇ 庄严肃穆的佳城——古墓园林 / 81
　　古老的智慧——焉不拉克古墓群 / 82
　　流浪民族的沉睡家园——乌孙土墩墓 / 84
　　庞大的地下博物馆——阿斯塔那古墓群 / 87
　　伊斯兰教的圣地——盖斯墓 / 91
　　新疆最早的麻扎——布格拉汗麻扎 / 95
　　伊斯兰的堡垒—— 秃黑鲁·帖木儿汗麻扎 / 98
　　天才音乐家的栖息地——阿曼尼沙汗纪念陵 / 102
　　神话般的圣地——香妃墓 / 107
　　"黄金之地"——哈密回王墓 / 111

◇ 华美的殿堂——王府官邸 / 117
　　华美的"王爷台"——吐鲁番郡王府 / 118
　　"西北屏障"——哈密回王府 / 121
　　神奇的府邸——库车王府 / 125
　　镇守边陲的重地——伊犁将军府 / 129
　　土尔扈特回归祖国的见证——满汗王府 / 133

◇乡土建筑的瑰宝——传统民居／137

"白色官殿"——哈萨克族的毡房／138

开天窗的塔吉克族"蓝盖力"民居／142

"明亮的处所"——维吾尔族的阿以旺民居／146

维吾尔族的"客房"——米玛哈那民居／152

"高崖上的土陶"——喀什高台民居／155

古韵新疆

古老文明的见证——
远古遗迹

生殖崇拜的画卷——康家石门子岩画

在新疆昌吉州呼图壁县,出县城向西南,行至约 80 公里处有一峭拔岩壁,人称"康家石门子"。相传,清朝末年时,这里还是一片荒芜之地。后来有一户康姓人家搬到这里,靠耕地为生。由于这里悬崖陡峭,岩壁豁开如门,所以人们称这里为"康家石门子"。

这里峭壁耸立,草木茂盛,是一片难得的清幽之地,清幽中又透着一份深远与古穆。身处其中,犹如站在一条历史长河之中,令人产生无限遐想。我们能够想象,生活在这里的古人们,生活曾是多么的安详喜乐、纯粹质朴。倘若不是受世俗之限,想必有很多人都愿意隐身在这高山险壁之中,独享这一份深远与安然。

在陡峭的岩壁中,有一座高达 200 多米、通体赭红的山岩。由于千万年风霜的侵蚀,岩层呈现出有规律的上下铺叠、凸凹相见的形态。

康家石门子岩画

凹进去的地方形似门窗，凸出来的地方则状似墙柱。远远望去，整片山岩犹如一座远离世俗的壮美的"亭台楼阁"。世上若有仙人，恐怕就应该住在这样的楼阁之中吧。

在这座"亭台楼阁"接近地面的一片平整的岩面上，有一个令人叹为观止的世界奇观——康家石门子岩画，它被学术界称为人类创造的又一大奇迹。

1986年，有人意外地发现了这幅巨大岩画后，

岩画中的裸体形象

考古学家们便纷至沓来，展开了一系列考古研究。经过研究发现，这幅岩画所表现的主题是古人对生殖的崇拜。由此可见，对于人类的祖先而言，人的生命曾是多么令人不可思议，以至于人们煞费苦心地将生命的诞生延续刻在石头上顶礼膜拜。

这幅岩画刻在长约14米、宽约9米的石面上。在面积达120平方米的画面上，共刻有300多个大小不等的人体形象。最主要的刻像集中在约60平方米的范围内。这些人像最大的如真人般大小，最小的则只有10厘米左右。他们或站或坐、或笑或怒，形态不一，变化无穷，且几乎全部为裸体。

据有关专家考证，这些岩画不是同一个时间一次性完成的，而是人们在相当长的历史时期内完成的。那是公元前1000多年前父系氏族部落时期的艺术作品，距今已经有3000多年的历史。

岩画中多是双头合体或多头合体的形象。图为三头合体的形象。

岩画所在地呼图壁县，最早曾是塞种人的游牧之地。岩画上的人物脸型特征，与古代的塞人非常接近，因此，这些岩画应该是塞人的遗存。

整幅画面中，人物形态万千，有这样几组非常有趣：裙女像。在画面的中心位置，刻有一个穿着长裙的女性。身高1.05米，全身呈红色。这是整幅岩画中唯一一个穿着衣服的人。在她的旁边，有很多裸体的男性。还有一组猴面人像，一个高1.02米的猴面人，在他旁边是一个身材细小的女性，仅有48厘米高。这组图表现了男性高大伟岸、女性柔弱细小的特征，蕴含了古人对男性崇拜的思想。

岩壁的最上方，有一列共9个裸体女性舞蹈的形象，旁边有一个男性。9个女性中，每3人之间，还都有一组对马图形。画面中还有一些双头合体图像，有的在旁边还刻有一群小人，隐喻着男女繁衍后代。

1987年，康家石门子岩画被发现并公之于众后，引起了巨大的轰动，《人民日报》、《光明日报》、《新疆日报》、中央人民广播电台、中央电视台等各大媒体纷纷对其进行了报道。当前，中国发现的岩画数以万计，但是，论画面之宏大、图像之清晰、内容之丰富、作品之天然,康家石门子岩画无疑是其中的佼佼者。

草原上的千古之谜——新疆石人

在新疆北部的茫茫草原上,有这样一群特殊的人。他们全族约有200人,聚居在草原上的墓地附近。这些人大多在坟墓的东侧,且面向东方,偶尔有几个人面向西方或北方。他们或者三五成堆,或者集结成群,造型各异,但个个神情严肃。他们经年累月地站在这里,犹如一尊尊雕塑而成的侍卫,无论风霜雨雪,总是一动不动,不知在默默地守护着谁。

无论人们什么时候去拜访他们,他们似乎总是同一副样子。是的,他们永远不会自己动,因为他们是石人,石头雕刻而成的人。他们的人类伙伴给他们取了一个好听的名字——"草原石人"。

新疆石人中的武士型石人

这些草原石人的外貌形态各异，且与现在的人有很大的差别。他们大多用整块岩石雕刻而成，大部分都是全身像。他们中最多的是一种武士型石人，脸庞圆润，眼睛细长且高高突起，颧骨较高，上唇还留着两撇八字胡，左手握着长剑，右手举着杯盏放在胸前。

新疆当地的牧民也说不清他们是什么时候来的，怎么来的。人们只是听自己的爷爷说，当他们的爷爷还小的时候，这些石人就已经站在那里了。

从20世纪50年代起，中国考古学家开始了对草原石人的系统研究。他们走遍了北疆的很多地方，查阅了大量的文献典籍，试图解开这些石人之谜。然而，随着石人数量的增加和类型的多样化，石人的身世愈加扑朔迷离。

学术界对此持有多种观点，其中主要有这样四种观点。

一种观点认为，这些石人与一条横贯欧亚大陆的草原大通道有关。

新疆的石人大多分布在天山和阿尔泰山，但他们并不是新疆本地的特产，在其他省份甚至其他国家，也都有石人分布。东起蒙古高原，接连南西伯利亚草原，再向西贯穿中亚腹地直至里海和黑海沿岸，整个北亚大草原，都有石人的身影。

有趣的是，这些石人看似分布杂乱，实际上却是有规律可循的。如果在地图上将石人的分布地点连接起来，人们就会发现，原来他们是按着一条横贯欧亚大陆的草原大通道分布的。

这条通道正是令无数专家学者痴迷的草原大通道。在这条大通道上，曾活跃着很多古代游牧民族。他们生前轰轰烈烈，或者交流贸易，或者征战沙场，死后埋于地下，默默无闻，却给人们留下了这些草原石人。

还有一种观点认为，草原石人是隋唐时期突厥民族的遗存。

在中国北方草原上，曾活跃着多个游牧民族，突厥民族是其中的一支，其他的还有东胡、塞人、匈奴、鲜卑、回鹘、蒙古等。专家们将石人与突厥人联系起来，主要源于两条历史记载。其一是《周书·突厥传》上记载着，突厥人死后要在陵墓前立石作为标记。其二是《隋书·突厥传》中说，突厥人尚武好战，死后要在墓前刻画死者生前的形象和经历的战斗场面。可见，突厥人有在墓地立石的风俗，而且他们会在人死后将其生前的样子刻画在石头上。

这不就是石人吗？

而且，蒙古专家在立有石人的墓葬中，挖掘出了一些带有铭文的石碑，由此得知这正是突厥贵族的墓葬。所以，很多专家学者依此断定，突厥人是草原石人的主人。

那么，突厥人为什么要在死后立石像呢？有学者认为，突厥人相信石人有通灵的作用。人死后，灵魂就附在石人上。只要石人不倒，人的灵魂就不灭。

在西域各民族中，灵魂是一种非常重要的观念。他们认为，人的影子就是人的灵魂，人死后，灵魂就没有了安身之所。想留住灵魂的话，就把这个人的影子用石头雕刻下来。原始人还认为，人死后，可以降福祉于活人，所以这里逐渐形成了祭祀亡魂和祭拜祖先的习俗。

今天的新疆哈萨克族人们还有祭拜祖灵的习俗。每一个哈萨克族的人家和部落，都会祭拜他们的祖先之灵，尤其是部落的头目、长老、英雄人物和巫师等。人们认为，祭祀这些人的灵魂，能使后代得到他们的庇佑。相反，后人如果不能很好地照顾这些人的灵魂，就会遭受灾祸或身染疾病。

第三种观点是，草原石人来自3000年前。

草原上的石人虽然大多是武士造型，但也有一部分是例外的，如阿尔泰地区切木尔切克墓葬群中出土的大量石人。他们有男有女，面带饰纹、手握镰刀，有的人头上没有头发，还长着狮子鼻和巨大的下腭。与其同时出土的，还有已经有3000年历史的陶罐。显然，它们都不是隋唐时代的突厥人的遗存。

那么，它们的主人又是谁呢？

《庄子·逍遥游》中称，有一个极北之国叫"穷发国"，也就是头发极为稀少的部族。巧合的是，古希腊史学家希罗多德在《历史》中说，阿尔泰山下居住着一种"秃头人"。庄子的"穷发"和希罗多德的"秃头"，描写的应该是一个不留发辫的民族。这与那些秃头且头上没有任何装饰的石人的样貌非常吻合。而且，希罗多德在著作中还说，这些"秃头人"长着狮子鼻和巨大的下腭。他还说，"秃头人"在山中看守黄金。这就对上了，因为阿尔泰山至今都有"金山"之称。

因此，有的专家学者认为，新疆的这些草原石人，应该是"秃头人"的遗留物。

最后一种观点与上述三种观点大有不同，这是部分学者大胆的猜想。他们认为，这些石人或许是古代人类对外星文明的记录。

凡此种种，专家学者们对草原石人的主人、来历都有诸多观点和猜想。无论人们怎样认为，这些草原石人都依然故我，静静地矗立在这片茫茫草原上，观古今，瞻日月，任岁月风霜侵蚀，不变的是那份淡然之情与坚守之心。

古韵新疆

远去的辉煌——
古城遗址

神秘莫测的城堡——楼兰古城

每当提到"楼兰"二字，人们头脑中自然而然地会闪过一道神秘的光线。因为那里隐藏着太多的秘密，无论是从书本中，还是从网络里，都找不到答案。就像南美洲的玛雅文明一样，人们对其充满了好奇，但却探究不出个所以然来。正是这种神秘的力量，驱使着人们不断地探寻这里的传奇……

楼兰是一个好听的名字，优雅而又从容，然而它的出现和消失却都是不为人知的，就像一个来无影去无踪的神秘女子一样，不禁惹得人们魂牵梦绕，思绪万千。而我们唯一能确定的是，楼兰古城的地理位置。它坐落在孔雀河道下游的三角洲南部，罗布泊西北岸雅丹地貌的凹地中，曾是丝绸之路上著名的古城之一。

楼兰的远古历史至今仍然是一个谜。据考古学家推断，四千多年以前，就已经有原始欧洲人在此过着渔猎、游牧的生活。只是对于更早以前的事情，他们也无从知晓了。楼兰国是西域36国之一，现在所指的楼兰古城遗址，就是当时楼兰国的都城。据《史记·匈奴列传》记载，大约在公元前3世纪时，楼兰人在这里建立了国家。由于受塔里木河和孔雀河的滋养，当年的楼兰，绿林环绕，水草丰美，田地和果园随处可见。据《汉书·西域传》记载，早在2世纪以前，楼兰就是一个拥有一万多人口、近三千名士兵的大国了。全盛时期，王国范围东起古阳关附近，西至尼雅古城，南及阿尔金山，北到哈密。汉武帝时，张骞出使西域，开通了丝绸之路，楼兰扼守丝绸之路的咽喉，成为了东西交流的重镇。那时的楼兰，驼铃悠悠，商贾不绝，到处演绎着一派繁荣的景象。

然而，公元4世纪，楼兰古城突然销声匿迹了。无论是在史书中，还是在其他文献中，都不见记载。甚至，在楼兰古城发掘的简牍中，其年代记载也都至4世纪30年代戛然而止。而楼兰古城，也无声无

楼兰古城遗址中残存的屋舍

息地消失了。公元400年,高僧法显西行取经,途经此地,发现此地已是"上无飞鸟,下无走兽,遍及望目,唯以死人枯骨为标识耳"。630年前后,唐玄奘取经归来,同样也看到了楼兰国"城郭岿然,人烟断绝"的凄惨景象。千余年过去了,楼兰古城消失在人们的视野中,也消失在人们的记忆里。

1900年春天,瑞典探险家斯文·赫定来罗布泊探险。当时,他找了一个叫阿尔迪克的维吾尔族人做向导。就在阿尔迪克寻找遗失的锄头时,无意中发现了沉睡在茫茫大漠中的楼兰古城,从此,楼兰古城的神秘面纱被再次揭开。

古城遗址四周被沙漠和雅丹地形坚硬的外壳所包围，随着探险家和考古学家的逐步挖掘，整个古城清晰地显现出来：整个楼兰城区呈不规则方形，总面积约 10 万平方米。城墙由夹压芦苇和红柳枝的夯土筑成。在城墙的南北中段，各有一个缺口，大概是古时的南北城门。城内有一条古渠道斜贯城中，将古城分成东北、西南两个区。古城的东北角有一座烽燧，从建筑风格上，可以判断出是汉代所建。烽燧的西南是著名的"三间房"遗址。此外，还挖掘出珍贵的晋代手抄《战国策》、做工精细的汉锦、汉代五铢钱、贵霜王国钱币、唐代钱币、珍稀的汉文木简和佉卢文木简等。当楼兰古城的面貌被揭开，这个充满神秘色彩的古城再度成为人们津津乐道的话题。

然而，楼兰的神秘，还不止于此。考古工作者在楼兰古墓群的一个墓地中，发现了一具女性干尸。据测算，这具女尸距今已有三千多年，她棕黑色的头发，长及肩部，脸庞瘦削，额部高高隆起，漂亮的鹰钩鼻，双目微合，好像刚刚入睡一般，微张的薄嘴唇露出洁白的牙齿，留给

河南省博物院《丝路遗韵——新疆出土文物展》中，沉睡了3800年的"楼兰美女"。

世人一个永恒的微笑。她上身裹一块毛织的毯子，胸前毯边用削尖的树枝别住，下身裹一块羊皮，脚上穿一双翻皮毛制的鞋子，头上戴毡帽，帽上还插了两枝雁翎，被世人称为"楼兰美女"。令人惊讶的是，这具干尸沉睡了三千多年，却依旧衣饰完好，面目清秀。她是谁？为什么会在这荒无人烟的地方？古代人是如何使她的尸体完好地保存下来的？这一切，都成为了考古界的谜题。

在经历了数千年的风沙蚕食之后，楼兰古城已经消失殆尽而楼兰美女的容貌却依稀如故，这是历史在数千年以前留给人们的一道谜题，也是一份厚礼。楼兰古国，为后人留下了一个又一个难解的谜题。也正是因为有了这无数个难解之谜，才使得楼兰古城成为人们心中那个神秘莫测的城堡。

世界上最完美的废墟——交河故城

"沙河二水自交流，天设危城水上头。断壁悬崖多险要，荒台废址几春秋。"明朝（1368—1644）初期，著名的外交家陈诚奉命出使西域，经过一个叫"崖儿城"的地方，诗兴大发，以其地名为题作了这首诗。崖儿城又叫交河故城，曾是车师前国的国都。

在远古时代，崖儿城的所在地曾是一片荒漠，后来经过数千年的风雨洗礼和洪水冲刷，形成了一道河谷，这道河谷被取名为雅儿乃孜沟。在河谷的中央，有一片柳叶状的绿洲。绿洲的四周被河水冲刷成悬崖一样的峭壁，使得绿洲像一个孤岛一样，耸立在河谷之中。交河故城，就在这片河心洲上应运而生。由于城周有"河水分流而下"，所以这里被叫做"交河"，也被当地人叫做"雅尔和图"，意思是"悬崖上的城市"，简称"崖儿城"。

相传，3000多年以前，生活在大漠里的土著居民，为了躲避野兽和外族部落的侵袭，来到了这里，他们惊奇地发现，这里简直是梦寐以求的生存之地,既有便利的水源,又有高于河谷30米的天然屏障。不仅可以生产,而且还可以防御敌人。于是,他们便欣然在这里安家落户,建造了家园。他们将黄土层掏一个洞,当作房屋;在黄土崖上凿一条通往谷底的通道,取水灌溉,种植粮食。这样,那些土著居民便一代又一代,在这片绿洲上繁衍生息,并逐渐繁荣起来。据记载,那些土著居民就是古代西北民族的"姑师人"。

公元前108年,姑师国与中原发生了战争,在激烈的战斗之后,姑师国被汉将赵破奴打败,并分裂成为车师前国、车师后国和山北六国。极具地理优势的交河,成了车师前国的都城。从此,交河成为了西北的一个政治、经济活动中心,并且成为古丝绸之路上的一个重要城市,由此而变得更加繁荣了。经过几个世纪的变迁,高昌国逐渐强大起来,这时交河就像一块肥肉一样,惹得高昌国垂涎欲滴,经过几年征战,车师前国终于国力不支,交河被高昌吞并。14世纪下半叶,高昌王国因为战争失败,而前往甘肃永昌。此后,一度繁华的交河逐

曾一度无比繁华的交河城,如今已成一片废墟。

渐走向衰落,直至废弃,成为一片废墟。

然而,即便交河故城变成了一片废墟,也是"世界上最完美的废墟"。为什么这样说呢?因为交河故城是世界上最大最古老、保存最好的生土建筑城市。历经千载,故城的主体建筑依然清晰可辨。

保存完好的"地下官署"

交河故城总面积43万平方米,其中建筑面积约36万平方米。最具特色的是,作为一座古老的城池,它没有城墙,因为建立在悬崖之上,自身就是天然的防御,已经不需要城墙的保护。另外,整个城市的大部分建筑,都是从原生土中掏挖出来的。包括宽阔的街道,整齐的房屋,甚至是寺院、佛塔,都是原生土的杰作。街巷狭长,蜿蜒曲折,再加上大大小小的建筑物穿插其中,整座城市就像一个庞大的雕塑工程。这种深挖土层的建筑方法不仅在国内,就是在世界上,也是绝无仅有的。

城门只有东门尚保存较好,门道及门额处安装门扇的洞依稀可见,门内设有藏兵之所,可攻可守。站在"废墟"之中,可以清晰地看见故城的城市规划,一条南北中心大道将居住区分为东、西两部分。东区南端为大型居民区，北部为小型居民区，中部为官署区。在东区南端，有一座宏伟的地上地下双层建筑，占地 3000 多平方米，大部分建筑已倾颓无存，但宽敞的地下庭院仍保存完好，有宽大的阶梯通道可以上下。西区大部分为民居，还分布有许多手工作坊，其中几处陶窑遗址膛壁，经烈火焚烧已完全变成灰色。大道两侧皆是高厚的土垣街墙，临街不设门窗。南北纵横、东西交错的街巷将建筑群分为若干小区，建筑物鳞次栉比，颇似中原宋代以前城市的坊、曲，闭上眼睛冥想，似乎此刻正置身于昔日繁华的交河城。

在大道的北边，有一个规模宏大的寺院区，以大佛寺为中心。据说大佛寺最早建于麹氏高昌时期，相当于南北朝（420—589）末期，寺院中庭院、佛殿、僧房整齐有序，气势磅礴。城北有一片布局整齐的舍利塔群，人们把它叫做塔林。塔林的中央是一个金刚宝座大佛塔，虽然经历了数千年的风雨蚕食，但现在仍有十米多高。大佛塔的四周，分布着以 25 座小塔为一组的四组塔阵，小塔的高度是大佛塔的一半，整个塔林一共有 101 座塔。有专家认为这是中国现存最早的密宗金刚宝座塔。

在古城的西北角，有一片面积约 500 平方米的地下寺院。寺院为穹顶式建筑，里面布满了色彩艳丽的壁画。僧房与寺院相通。在考古发掘时，人们发现了印有梵文和古藏文的泥脱佛塔、泥塑佛头，更为珍贵的是，人们在一件工艺精美的银棺铜椁内，发现了高僧舍利子，这种埋舍利的方法，还是新疆佛教文化史上的一次重大发现。

火焰山下的繁华——高昌古城

在《西游记》这部电视剧里，曾演过这样一个故事：唐僧带着他的三个徒弟去西天取经，九死一生才走出八百里大沙漠，来到高昌国，本想歇歇脚，继续赶路，不料，却被高昌王扣留。高昌王为了让唐僧

火焰山下的高昌古城遗址

留下，做高昌国的大法师，不惜让自己的亲妹妹色诱唐僧，然而唐僧却定力十足，丝毫未动凡心。最终高昌王的妹妹，备受感染，决心皈依佛门。事实上，这个故事并不完全是虚构的，在历史上确有其人其事。

据记载，当年唐玄奘西行取经途中，曾经过高昌国，高昌王麴文泰笃信佛教，他见唐僧道行颇高，一心想留他在高昌国，做高昌国的大法师。但玄奘表示，绝不会改变西行的初衷。高昌王想尽一切办法来挽留玄奘，都无果而终。高昌王十分愤怒，告诉玄奘，要么留在高昌国，要么把他送回大唐。听到这样的威胁，玄奘以绝食来抗议。高昌王以为这是他的苦肉计，便不以为意，仍然每天把上等的美食佳肴给他送去。玄奘面对丰盛美味的食物，一口未动。结果三天之后，奄奄一息。高昌王这才知道，玄奘是真的要绝食。高昌王是一个十分惜才的人，不忍心看到这样一个得道高僧被活活饿死，于是他答应玄奘，只要玄奘肯在高昌国讲经一个月，就放他西行取经。在讲经期间，高昌王和玄奘化干戈为玉帛，并结下了深厚的情谊，结拜为兄弟。一个月后，玄奘西行，两人这才依依惜别。

这个动人的故事，就发生在火焰山下的高昌古城里。高昌古城，在维吾尔语中称"亦都护城"，意思是"王城"。《北史·西域传》中说此地"地势高敞，人庶昌盛"，所以取名为高昌。这里曾是盛极一时的高昌古国的国都，也是古代西域的大都城之一。

历史上，这里曾经经历了高昌郡、高昌王国、西州、回鹘高昌、火州等政权的更迭。据记载，公元前48年，西汉（前202—公元9）时，这里最早被开发。327年，前凉政权在这里设高昌郡。460年，柔然立阚伯周为王，在这里建立了高昌国，从此，掀开了高昌王国的序幕。公元640年，唐（618—907）统一高昌后，在高昌古城设立了西州和安西都护府。9世纪中叶，回鹘汗国一支西迁的部落攻克西州，建立

高昌古城南城墙体

政权，史称"高昌回鹘王国"（或西州回鹘王国）。1275年，蒙古叛军海都、都哇率军进攻高昌城，1283年，高昌城被攻克，王宫迁往甘肃永昌，自此，高昌回鹘王国灭亡。同时，古城也遭到了致命的损毁。

高昌古城在经历了一千三百多年的繁华后，终因战争而成为废墟。如今，古城到处是残垣断壁，只残存了一部分遗迹。但城市的大体容貌，仍依稀可见。登高展望，城外，有深陷的护城河。城内，由规整的正方形的外城、宫城和内城三重构成。外城城墙较为完整，墙体大部分是由土夯筑成的，有的还曾用土坯修补过。内城位于外城的正中央，在宫城的南面。内城的西墙和南墙保存下来的墙体还比较多，北墙仅存留了一些残迹，东墙完全被毁坏了。城门也被损坏了。宫城在城的北面，以外城的北墙为北墙，以内城的北墙为南墙。

高昌城废弃以后，逐渐被开垦为耕地，因此城里的大部分建筑，如今都已消失殆尽，只剩下少许矗立的墙壁和稀疏的院落。目前，只有寺院、可汗堡、手工作坊、宫殿殿基几处遗迹，还能被辨认出来，其他的则只能靠想象了。

在古城外城的西南，曾经有一个规模庞大的寺院，由山门、庭院、讲经堂、藏经楼、大殿、僧房等组成。由于损毁严重，现在我们已经无法感受当初的恢弘了。大殿塔柱佛龛中的大部分塑像和壁画虽然于近代被英、德、俄、日等国探险家、考古家们掠去，但幸存下来的仍然富丽华美，由此可以想见当年佛教文化是怎样的一种盛况。讲经堂的墙垣高台犹存，据说，这就是当年玄奘在高昌讲经说法的地方。在寺院附近还残存两处手工作坊的遗址，一个是葡萄酒作坊，一个是铜器炼铸作坊，根据这两个作坊，我们猜想，这里过去可能是商业市场区。在城外的东南角，也有一所寺院，里面尚存一座多边形的塔，还有一个礼拜窟，那里是唯一保存有较好壁画的地方。专家根据壁画判断，这里应该是高昌回鹘王国后期建筑的。在北部的宫墙内，有许多3—4米高的土台，这里应当就是当时宫殿的殿基，据此推断，这里曾有

"可汗堡"内两座残存的建筑交相辉映

高达四层的宫殿伫立过。

  在高昌古国残留的遗址中,最为著名的当属"可汗堡"。可汗堡坐落在内城正中偏北处,是一座不规则略呈方形的小堡垒。在堡内西北的高台上,有一处高达15米的土夯塔状建筑物,偏西的位置,有一处残存的地下地上双层建筑物,从建筑的形制上看,有点类似于官署治所。20世纪上半叶,一支德国考察队在这里发现了一方"北凉承平三年(445年)沮渠道安周造寺功德碑"。这里提到的沮渠,就是当年在高昌建立流亡政权的北凉王。据此判断,这里可能是当时的王宫。后来,这里陆续又发掘出许多绿色的琉璃瓦、纹饰华丽的石柱础和巨幅的奏乐图精美壁画,由此可见,火焰山下昔日的高昌古国,是多么的繁荣和奢华!

来不及关窗的谜题——尼雅古城

1901年,一个叫斯坦因的英国人,在新疆塔克拉玛干大沙漠的南缘尼雅河畔,发现了一座古城遗址。这一发现,随即震惊了全世界。这里居然是消失了1600多年的精绝国王都——尼雅古城。

精绝国,是塔克拉玛干大沙漠里的一个古老王国。据《汉书·西域传》记载,精绝国位于昆仑山下,塔克拉玛干大沙漠南缘,接受汉王朝西域都护府统辖。精绝国虽是小国,但它位于丝绸之路的咽喉要地,地理位置十分重要。根据后来出土的贝器、木制用具、金饰品、工艺品及丝、麻、毛织物等文物,可以断定,这里曾经是非常繁华的地方。史书所描述的精绝国所处的环境是"泽地湿热,难以履涉,芦苇茂密,无复途径。"从这寥寥数语中,可以得知,当时精绝国是一片湿润的绿洲。无疑,在茫茫的大沙漠中,精绝国是占有得天独厚的地理优势的。然而,在公元3世纪,这个盛极一时的王国却突然间神

新疆和田市博物馆展出的尼雅遗址复原沙盘

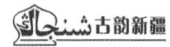

秘消失了。

精绝国的神秘失踪,给历史学家们出了一道难题。精绝国是如何消失的?又为何被湮没在滚滚黄沙之中?为什么原本充满生机的绿洲,变成了进去出不来的"死亡之海"?这一切,让他们感到匪夷所思的同时,也让他们困惑不已。多年来,人们对此作出了种种的猜测。有人说,尼雅古城之所以被废弃埋没在黄沙之中,是因为当时的人大量砍伐树木,破坏了生态环境,导致水源枯竭,绿洲消失,黄沙肆虐,湮没了古城。然而,历史果真是这样的吗?

当这座在沙漠腹地伫立了1600多年的古老城堡重见天日时,人们惊奇地发现,这里的许多建筑物都保持着当年废弃时的完好情景。古城四周被高大的沙山所围绕,里面散布着许多规模不一大小不等的建筑,有寺院、民宅、墓地、果园、田地、水渠……室内有炉灶和贮藏窖,有的民居庭院、寝室、厨房、牲畜棚等完好无缺。甚至还有的房门半开着,窗子向外张着……好像主人只是暂时离开,随时可能会回来一样,难道是生活在尼雅古城的子民离开时太匆忙,没来得及关上门窗吗?还是发生了什么意外,突然间消失了呢?

经过多次考察,考古学家们认为,这里有被突然放弃的迹象。可是,尼雅下游河道很深,河流改道的可能性极小;尼雅遗址发现的墓葬上部,覆盖了很厚的淤泥,这说明居民离开时,这里仍有水流达到。如果是因为水源而撤离,那么应该是一个缓慢的过程。然而,从古城中的文物来看,这里大量文物摆放整齐,门窗未关,说明居民离开匆忙。一切证据表明,因水源而撤离这种猜测并不合理。

正当考古学家们一筹莫展的时候,突然从文物中发现了一批佉卢文简牍。大量的佉卢文档案,令考古学家们欣喜若狂。然而,欣喜的同时,却又伴随着另一重的困惑。因为佉卢文最早创制于古印度,在此后的数百年中,流行于古印度的犍陀罗(即今巴基斯坦的白沙瓦地区)。大月氏在古印度一带建立贵霜王朝后,将佉卢文作为一种官方语言使用。公元 3 世纪后，贵霜王朝灭亡，佉卢文也随之在印度消失。5 世纪以后，再也没有任何国家和地区使用过佉卢文，它本身也没演变为其他文字，成为了一种死文字。然而，为何一千多年后，它却出现在尼雅，并曾被尼雅人当作"国语"使用呢？考古学家和历史学家们纷纷摇头。

随着佉卢文的不断被发现，文字被破译，精绝国全盛时期的全貌逐渐生动地展现在人们面前。竹简中的内容大多是官府文件之类，内容包括地方管理、申述、传票、身份证明、逮捕令和书信等。但是，考古学家们仍然没有从中找到谜题的答案。不过一个重要的发现是，他们发现了用佉卢文书写的世界上最早的森林保护法，这说明古代尼雅河在被沙漠吞噬、干涸前，居住在那里的古代人民就已深知森林、植物对于保护水土的重要性了。所以，对于砍伐森林导致生态破坏的这一猜测，似乎又给予了否定。那么，这个忘记关窗就匆忙消失的古城，到底为何被废弃？又是何时被废弃的？就成为了历史留给后人的一道永久谜题。

相信，一定会有许多好奇又勇于冒险的人，想去尼雅一探究竟。可是我不得不提醒你，那里处于塔克拉玛干腹地，是亚洲最为干旱的内陆气候，自然环境极其恶劣，被人们称之为"生命禁区"。如果你执意要去探险，那么一定要选择适当的季节和路线，并做好充分的思想准备，在资深向导的带领下方可进入。

丝绸之路上的要地——北庭故城

"孤城天北畔，绝域海西头，秋雪春仍下，朝风夜不休。"这首诗是唐朝著名的边塞诗人岑参所写，他所描述的就是古时北庭城的景象。当年，岑参在北庭大都护府担任判官，亲身感受到边塞的奇特景观，于是有感而发，写下了这首《北庭作》。岑参一生两度远赴边塞，写

北庭故城遗址复制局部图

下了50多首边塞诗,其中有30多首与北庭有关。可见,诗人对于北庭有着多么深厚的感情。那么,北庭到底是什么样的呢?如今我们只能从残垣断壁中去寻觅它当年的辉煌了。

北庭故城位于吉木萨尔县城以北约12公里的北庭乡境内。它的历史,可以追溯到汉代。当时,这里被叫做"金满城",是西域古国车师后国的王都。唐朝初年,这里是突厥的属地,被称为"可汗浮图城"。后因突厥内讧,分为南庭和北庭,"北庭"一名也就由此而来。公元640年,唐太宗派大臣侯君集平定高昌,遂抚平北庭,在此设庭州。公元702年,武则天在此设立了北庭大都护府。很快这里成为了北疆地区的政治、经济、文化中心,另外这里还是丝绸之路上的重要交通枢纽和军事要地。所以,当时的北庭是人烟密集,店铺林立,经济繁荣，热闹非凡。俨然一片繁华都市的景象。然而，不幸的是，在明代永乐年间，这里被战火焚毁了。那曾经热闹的集市，精美的建筑，全部在连绵的战火中，化为了残垣与灰烬。也就是我们现在所能见到的样子——北庭故城遗址。当地人将其称为"破庙子"。听到这个名称，就知道北庭故城被损坏得有多严重了。

然而，千载春秋已悠悠逝去，百遭战火侵袭的北庭故城仍在。只是不见当年的雄风，我们只能凭借丰富的想象力，去还原当时的辉煌景象。

北庭故城遗址复原图中精美的一角

北庭故城遗址复制图中的洞窟

　　北庭古城规模庞大,护城河道轮廓犹存,城墙倚地势构筑,略呈长方形,南北长约 1500 米,东西宽约 1000 米。城分内外三重,鸟瞰如一个巨型的"回"字。外城周长约 5000 米,南、北、西三面城墙尚存,城墙残高 6 米左右,厚约 3—4 米。内外城均有护城河、角楼、马面,马面是指城墙上相隔数十米伸延出去的一个墩台,作用是便于观察敌情,作战时能使敌人三面受敌。从残迹来看,当年的北庭城,街坊通衢,四通八达,墙高壕深,气势雄伟,不愧为丝绸之路上的要冲。

　　北庭故城,历经沧桑,虽已残败,但是,它留给后人的,是许多珍贵的历史文物。其中,有一部分文物在 1949 年前已被外国探险家劫走,古遗址也因此而遭到破坏,但是我们仍能从残存的文物遗址中,看到历史的繁华与古人的智慧。

在北庭故城西边，有一座北庭西佛寺，俗称"西大寺"，是北庭故城保存最为完整的建筑。这所寺庙建于 10 世纪，当年是高昌回鹘王国的王家寺院。佛寺坐北朝南，整个布局呈长方形，南北长 70.5 米，东西宽 43.8 米。佛寺的壁墙为土坯建筑。在寺院的北方，有一个大殿，如今已被埋在了深深的黄土之中，殿中有一尊大佛像，胸部以上也被损毁。对于北庭故城，人们最感兴趣的，莫过于这深埋于地下的大殿和佛像。人们肯定那里有更为宝贵的东西，只是那最为宝贵的东西是什么，至今无人知晓。有人从清代纪昀的《槐西杂志》中发现了一点线索，书中写到："吉木萨尔有唐北庭都护府古城……城中一寺已圮尽，石佛自腰以下陷入土，犹高七八尺。一铁钟高出人头，四周皆有铭，锈涩模糊一字不可辨识，惟刮视字棱。相其波磔，似是八分书耳。"如今，石佛早已不知去向，或许也被埋入土中。据考古人员推测，被埋的大殿中一定藏着非常有价值的文物，只是现在的技术还无法使其与世人相见。

在西大寺的东西北三面墙外侧，都有两级券顶洞窟，经过修复，如今只有东面的佛龛初见原貌。佛龛分为上下两层，上面有 7 个，下面有 8 个，大小相同，都是高 3 米，宽 2 米。在每个佛龛内，都有一个小坐佛像，佛像比人稍高，只是已经残缺不全。洞两侧有彩绘千佛壁画，图案栩栩如生，光彩夺目，虽然有些已经剥落，但仍然清晰可见。只可惜，洞中已经空无一物，不知那些文物如今散落在何处。

北庭故城，因位于丝绸之路的重要关口，而备受重视。或许也是因为如此，才会导致这里成了兵家必争之地，引起了连绵不断的战事，最终在战争中变为废墟。如今虽已看不到当年的辉煌与繁华，但它仍给后人留下了丰富而又宝贵的历史文化遗产。那些被掩埋于黄土之下的秘密，也在等待着后人来揭晓。

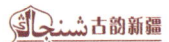

神奇的石建筑——石头城

如果将帕米尔高原喻为昆仑山的皇冠,那么塔什库尔干就是皇冠的冠顶,而石头城则是镶嵌在皇冠上的一颗熠熠生辉的钻石。

凡是来新疆旅游的人,一定会去看看建在海拔 4000 多米的帕米尔高原上的"石头城"。石头城就在塔什库尔干县城北侧不远处的高丘上。城堡依地势而建,高低起伏,城虽小,地势却十分险峻。如今,我们看到的只是残存的城堡旧址,但这些残垣断墙就是古代晋唐时期留下的房屋、驿站、寺院和官署。石头城总面积有 10 万平方米,分为内、外两部分,外城破损比较严重,只能看见城墙、炮台和民居的

石头城外景

石头城内景

残址，而内城保存比较完整，古代的城堡依稀可辨，在城的四个角各有一个大门，其中东门保存最为完好。城墙都是用石块夹土砌成的，墙上有城垛和角楼。城内的建筑，大多都坍塌了，只能看到佛寺和民居的遗迹。石头城内外，乱石散落，但却构成了一道独特的石头风光。

远远望去，古老的石头城就像童话故事里的城堡一样，充满了传奇色彩。让人遐想联翩。在1000多年以前，这里的先民没有先进的工具，却建造了石头城这一浩大宏伟的工程，关于它是如何建造的，何时建造的，人们无从知晓。因为这一切都没有文字记载。人们只能通过民间传说，来获取一点信息。

相传，在很久以前，帕米尔高原上的一位国王，想在高处修建一座石头筑城的驿站，以供途经这里的商队休息。可是，这里地势又高又险，还没有石头，该如何建造驿站呢？国王为此伤透了脑筋。一天，一个神秘的老者从这里路过，他听说国王正在为此事而烦心，便教给国王一个好办法。国王听了老者的建议，立即下令，命人在阿甫拉西雅布山开采石块，在山下挖土，将全国的百姓从塔什库尔干河到甫拉西雅布山排成行，将石块和土，一个传一个，传递到高丘上。人们昼夜奋战，经过120天的努力，终于建成了一座宏伟的石头宫室，它就是今天的石头城。

据考证，石头城在汉代（前202—公元220）时就已经建成了。当时，这里是蒲犁国王都，唐代的朅盘陀国。唐代时，石头城逐渐被扩大修整，元代初期，又进一步扩大城池。我们现在所说的真正的石头城，曾是古老国度的古代都城，也是丝绸之路上的一个著名古城。唐玄奘曾在《大唐西域记》中这样记载：朅盘陀国方圆二千余里，都城建在石岭上，以石岭为基，背靠河流，周围二十余里山岭连绵，川原隘狭……当地

"冰山之父"慕士塔格峰倒映在喀拉库勒湖里，山湖一色。

龟兹故城遗址

人相传,揭盘陀国开国者之父是从太阳中而来,其母为汉土之人,王族自称"汉日天种"。这里所说的建在石岭上的都城,就是指石头城。而关于生活在这里的塔吉克民族的祖先,还流传着一个"汉日天种"的故事。

相传,此地先前是葱岭中的荒野。波斯王迎娶汉人公主送亲的队伍经过这里,遇上战乱。为了保护公主的安全,侍卫们只好把公主安置在险峻的高峰上,使别人无法接近。3个月后,公主竟然怀孕了。据说日神每晚前来与公主相会,公主所孕育的是她和太阳神的孩子。送亲队伍不能把怀孕的公主送给波斯王,于是他们只好定居下来,在这里建造宫殿,开垦土地,以公主为王,世世代代延续下来。

如今,石头城虽已荒废,但是生活在这里的塔吉克民族,仍然充满生机,他们依旧守候在这片宁静而又美丽的城堡旁。城堡的100多公里处,有蕴藏宝石的喀拉库里湖,湖旁是著名的海拔7546米的"冰山之父"慕士塔格峰。这种独特的自然地理环境,形成了独特的塔吉

克民族文化。他们纯朴而自然，神奇而又迷人。所以，当你来这里旅游，完全不用担心住处，随便找一户人家，他们会热情地招待你。

关于石头城的来历，我们暂且不必细究，那是留给历史学家们的难题。让我们放松心情，好好地欣赏石头城的美景。石头城最美的时刻，是夕阳西下的黄昏，随着太阳光线的转移，整座石头城会随之变换出斑斓的色彩。刚开始你看到的也许是黑色的，接着变成砖红色，继而又变成赫石色、紫檀色……在落日的余晖中，石头城显现出不同的美景，让人喜不自胜。石头城带给你的惊喜，还远不止此呢，站在城上，极目远眺，那雄伟的帕米尔高原，银色的雪峰冰山，绿色的草原，悠哉的羊群，一切都尽收眼底。那里的雄浑和粗犷，美得让人沉醉，这是在任何其他景区都看不到的。

能歌善舞的国度——龟兹故城

提到"龟兹"，人们会立刻想到有名的龟兹歌舞。是的，古老的龟兹国，是一个能歌善舞的国度，生活在那里的子民，世世代代都被美妙的龟兹歌舞熏染着，幸福的生活着。

你听，欢乐的维吾尔人又唱起来了："假如有通往东方的道路，它就是库车，它是真主心爱的航迹，光明的舞蹈、传遍世人耳朵的歌声。假如有通往北方的道路，有非凡的集市，扬起灰尘的马车，冠冕一样的庙宇，那么，当然我们就不会寂寞了……"歌词里的库车就是历史上的龟兹。

库车在西汉时期，被称为龟兹。如今以哈拉墩为中心的龟兹故城，就是汉代龟兹国的王都。汉代时叫延城，唐代时叫伊罗卢城。从出土的文物，可以判断出，早在新石器时代，就已经有人在这里生活了。到了唐代，这里达到鼎盛的时期。它北通乌孙，南连于阗，东西有丝绸之路贯穿，龟兹处在西域中心的十字路上，是古代中西文化荟萃的枢纽。由于它特殊的地理位置，铸就了它灿烂辉煌的龟兹文化。如今古城中残存的大量的石窟、壁画、城堡、烽火台等，都无声而有力地证明了当年繁盛的龟兹文化。在龟兹文化中，以佛教和乐舞最为重要。当然，影响力最大的，当属龟兹乐舞。

关于龟兹的乐舞，还发生过一段浪漫的爱情故事。

历史上，龟兹的历代先王都没有留下姓名，第一个在史书上有记载的龟兹王，叫做绛宾。这段爱情故事，就是有关龟兹王绛宾的。

大型时尚诗乐舞《大唐华章》中的龟兹舞剧照

早在汉朝与乌孙结盟的时候，汉朝就特地将宗室之女解忧公主嫁给了乌孙王岑陬。年迈的岑陬去世后，解忧公主从胡俗嫁给了新乌孙王归靡。婚后不久，解忧公主生下一个女孩，取名弟史。十几年过去了，弟史已经出落成一个亭亭玉立、举止优雅的少女。弟史从小跟随母亲学习音乐，琵琶弹得非常好。有一次，乌孙国的大将冯嫽到龟兹国访问，也带了弟史同去。龟兹王绛宾为了欢迎她们的来访，特地在王宫中举办了一场宴会。席间弟史应邀弹奏了一曲琵琶，瞬间俘获了绛宾的心。于是，绛宾派出使者去向乌孙王求亲，不巧，当使者到达乌孙后，弟史已经被解忧公主送到长安学习去了，不知道什么时候才能回来。这个消息令绛宾十分沮丧。然而，令人意外的是，有一次乌孙国的一个使团从龟兹经过，绛宾出面迎接，他一眼就认出了使团中的弟史。原来，

带有浓厚龟兹风味的"龟兹情"系列布艺作品

弟史在长安的学习已经结束,正要回乌孙国去。绛宾再次见到朝思暮想的弟史,这次说什么也不会放她走了,以免再生变故。于是绛宾将弟史留了下来,派出使节去向乌孙王和解忧公主说明情况,并再次请求和亲。绛宾的真诚打动了解忧公主,答应了他们的婚事。终于,绛宾和弟史结为了夫妻。婚后,两个人非常恩爱。解忧公主看到女儿生活的幸福,也非常高兴。于是写信给汉朝皇帝,希望弟史能够享受皇帝宗室的待遇,并希望朝廷允许弟史入朝觐见。汉朝皇帝应允了,于是绛宾陪同弟史,到达长安,受到了汉朝的热情款待。弟史被正式封为弟史公主,并赐予了车骑旗鼓,几十人的专门乐队,绫罗绸缎。绛宾夫妇在长安住了一年,才带着丰厚的赏赐回到龟兹。

浑然天成的龟兹乐舞,是龟兹文化的一大特色。龟兹,由于四通八达的地理位置,受到了印度、西亚、中亚等地的影响,最终形成了独具特色的龟兹乐舞文化。著名的诗人李白、杜甫、王维、白居易都曾赞扬过龟兹乐舞。白居易曾盛赞胡旋舞说"回雪飘摇转蓬舞""奔车轮缓旋风迟"。在龟兹国,从王室贵族到平民百姓,人人都能歌善舞。极具艺术魅力的龟兹乐舞,不仅在龟兹盛行,在中原也同样备受欢迎。前秦吕光西征时,将龟兹乐舞传入河西,又传入中原,南北朝时风靡一时。到了隋唐时期,龟兹乐舞更是发扬光大,甚至成为宫廷宴会的必备节目。不仅如此,美妙的龟兹乐舞,还传入了日本、越南等东南亚国家,成为了在世界上赫赫有名的艺术文化。

龟兹古国幅员辽阔,军事强大,在西域诸国中具有举足轻重的地位,一直以来是外来势力控制西域的兵家必争之地。如今的龟兹故城虽已成为废墟,但其残存的遗址,仍将那曾经繁华的古老国度,展现在了我们面前。现在我们所能看到的龟兹故城遗址,是一个不规则的方形,城墙的周长大约有8000米,除了西墙已经荡然无存外,其余的三面城墙仍有残存。其中,北墙最长,大约有2000米左右。城墙都是由夯土筑成的,高低不同,有的2米多高,有的高达7米。城墙里的建筑遗址随处可见,在这些遗址中出土了众多的文物。有石器、骨器、陶片、大陶缸、铜件、汉五铢钱、龟兹小铜钱以及开元通宝等。此外,在城外的遗址中,还发现了著名的克孜尔尕哈千佛洞及库木吐拉千佛洞,还有魏晋时代的昭怙厘大寺遗址(又称苏巴什佛寺)等。在这些古遗址中,人们看到了更为丰富的龟兹文化,比如佛教、绘画、舞蹈、音乐等。

美妙的龟兹乐舞,造就了一个充满艺术色彩的古老国度。在那里,即便是普通百姓,也生活在艺术的殿堂里。虽然,曾经盛极一时的龟兹古国消失了,繁华的龟兹故城如今也变成了废墟,但是龟兹的乐舞仍旧驻留在人们的心中,世代相传。

东西文化的交融地——米兰古城

在新疆南部的巴州若羌县境内，有一条米兰河。沿着河畔的公路走一公里左右，就能看见一片广袤的戈壁沙滩，在这片戈壁沙滩下掩埋着一座有2000多年历史的古城，这座古城就是被誉为"丝路明珠"的米兰古城。

乍一听"米兰"，或许你会惊讶，这和意大利的米兰有什么关系吗？在古代，这里的确与欧洲有着千丝万缕的联系。曾经，这里是丝绸之路上通往欧洲的必经之地。所以，这里也有着与意大利名城米兰同样的名字。1979年意大利米兰市市长拉列德·威廉给新疆的米兰写来一封信。信中说，根据他们的调查，全世界一共有33座米兰城，其中4个在欧洲，23个在南美洲，5个在亚洲，1个在非洲。而新疆的米兰古城在世界所有的米兰城中独领风骚，因为它拥有着2000多年的悠久历史，并且在中西方的文化交流中，形成了丰厚的历史文明和文化积淀，这是其他的米兰城所无法相比的。

新疆的这座米兰古城，的确在两千多年前汇集了东西方的优秀文化，并将它们完美地融合在一起。1906年12月，英国探险家斯坦因在米兰古城考察时，无意中在一座土坯佛塔的回廊内壁上发现了一幅有翅膀的天使画像，并且保存相当完好。这就是举世闻名的有翼天使画像，这幅画像一经发现立刻轰动了欧洲文化界，被视为东西文化交融的最有利的佐证。1989年，中国考古工作者在一个塔洞中又发现了两幅有翼天使壁画，这两幅壁画与被斯坦因盗走的8幅壁画风格一致。壁画中的内容，有皮珊多罗王子的本生故事，也有青年男女姻缘故事。米兰古城因这有翼天使而享誉世界，尤其是对于欧洲，吸引了一大批的游客和探险家前来。

走进这座充满艺术气息的古城，首先映入眼帘的是两座直径约10米的圆形土台，其中一座已经坍塌的面目全非，另一座则立着一个高 10 多米，顶部圆滑的粗大圆柱体，看起来好像是古代生殖崇拜的图腾象征。这就是古城中著名的西大寺。斯坦因就是从这里发现的有翼天使。

与西大寺相对应的是位于东侧的东大寺。东大寺大约高 6 米，分为上下两层，四周由很高的院墙围绕，寺内有一个大佛龛，龛内残存着魏晋风格的菩萨和天王像。在佛殿废墟东侧的建筑物下面，有大型坐佛塑像和废弃的大佛头，形象生动，线条简练。有专家认为，这些佛像吸收了印度犍陀罗的艺术风格，是中西文化交融的经典之作。据说，晋代法显西去印度、唐代玄奘取经回来时，都曾在这两大寺院中讲经说法。

在西大寺和东大寺的中间，屹立着一座古城堡，这就是闻名于世的古戍堡。古戍堡是吐蕃时建造的一座军事堡垒，东西长 70 米，南北宽 56 米，现存的城墙残高 7 米多。古戍堡的四个角都建有 6-9 米高的角楼。古戍堡里的建筑物集中在北部，其中大部分都已经坍塌了。考古工作者，曾从这里清理出四十多间半地穴式房屋、宅院遗址。从建筑风格上看，应该是吐蕃时建筑的。在宅院内，还遗有家畜的粪便和骨骸，此外，还有一些麦穗、糜子、葫芦籽、核桃等农作物，由此，我们可以想象出，当时的米兰是一个农牧业都非常发达的古国。在戍堡南面，有一个高约 13 米的大土台，上面立着木杆，据猜测，这里可能是古代的烽火台。

站在城堡的瞭望台上，可以看见整个屯田区景观。屯田区在城廓的东南，沿着一条宽 10—20 米，长 37 千米的引水干渠，共分布着 16 个屯田区和一个炼铁炉遗址。渠道分布整齐，整个灌溉区错落有致，可见，当时人们已经懂得引水灌溉了。

米兰古城出土了许多有历史价值的文物，从这些文物中，我们也大概计算出了古城的年龄。古城大约建于汉朝。西汉时，这里是楼兰国（后改鄯善国）的属地，称为依循城。当年这里曾是一座富饶繁华的城池，从出土的粮食、漆皮甲皮、毛、丝织物中，就可见一斑。这里也曾是重要的军事要地，从出土的文木简、兵器中，就能看出当年它的重要地位。此外，这里更是中西文化交汇的繁荣城市，这里融合了汉文明、希腊文明、吐蕃文明等，这座婀娜的古城，就这样被掩埋在沙土里，尘封了上千年。如今，人们终于揭开了厚厚黄沙织就的面纱，将它的真实面目，展现在世人面前。但是，有关于米兰的秘密，仍有许多尚未解开。

古韵新疆

神圣的皈依地——
宗教建筑

龟兹古国的遗珍——苏巴什佛寺

在今天的新疆，伊斯兰教的位置举足轻重。然而，在最早时，这里却曾是佛教的天下。在西域佛教兴盛的几个古国中，龟兹古国是一个非常重要的地方，汉、唐时期的西域都护府都曾设在这里。佛教的传入和迅速发展，曾给龟兹带来傲人的辉煌。尽管这辉煌非常短暂，但这里的人民依然因此而倍感幸福。

后来，由于战争和伊斯兰教的传入等原因，龟兹的佛教由盛转衰，苏巴什佛寺就是这种转变的重要历史见证之一。

在一些历史记载中，我们可以领略到这里曾经的佛教盛况。

每年的2月8日是龟兹人民的大日子，因为这天是佛教行像的日子。行像也就是用华丽庄严的车载着佛像巡行街市，以此来纪念佛诞生。这种习俗由来已久，在西域是一种很常见的现象。东晋高僧法显曾对新疆和田县附近的行像活动有过专门的记载。

唐代高僧玄奘也曾对这里的佛教盛况有所记载，而且，他在一些著作中的记载，还与我们要在这里介绍的苏巴什佛寺有很大关系。

苏巴什佛寺遗址远景

《大唐西域记》中，玄奘记载了他自己在这里经历的一件事。当时，他从京城千里迢迢来到龟兹。这里的人们为了欢迎他的到来，特意在当时一个叫做昭怙厘的寺院里，为他准备了一场盛大的欢迎仪式。之后，他在这里的佛堂讲经一个多月。

玄奘在记录中提到，这个寺院被一条从山里流出来的河水分成了东西两个寺院。后来，考古学家在新疆库车东北23公里的地方，找到了一座被当地的人们称为苏巴什的古城，城中有东西两座遗址，中间恰好是库车河。地势如此相近，于是专家学者认为，这两座遗址就是玄奘所说的昭怙厘寺。而在今天，这两座遗址被统称为苏巴什佛寺遗址。

相传，苏巴什故城就是《西游记》中女儿国的发祥地，也是引发《西游记》作者吴承恩的丰富想象力的古国。穿城而过的库车河，就是《西游记》里的"子母河"。通过对在这里出土的钱币、铜、铁、陶、木器、壁画、泥塑佛像等进行研究，专家学者认为这个古龟兹王国内著名的佛寺苏巴什佛寺，早在东汉时就已经存在了。

13世纪，伊斯兰教的传入使这里的佛教由盛转衰，很多佛教建筑被摧毁，曾一度辉煌的苏巴什佛寺开始退出历史舞台。苏巴什佛寺在鼎盛时期，曾云集有多达上万名僧众。很多内地高僧都来到这里讲经说法，比如著名的高僧鸠摩罗什和唐玄奘。今天，通过这片残存的建筑群，我们依然能看到它当日的盛况，看到这里也曾一度有众僧云集，钟鼓长鸣。

苏巴什佛寺遗址位于库车县城东北20多公里处。该遗址虽然没有被成规模地开发，景区内只有几间供看护人和解说员用的小平房，但从20世纪初至今，这里从来不缺少国内外的探险者和考古学者。

库车河从整个建筑群中间横穿而过，将其分为东西两个寺院。

东寺依山而建，现在还留有土坯建成的房屋和塔庙。塔庙残存墙壁约有10米高，墙内有3座高塔。最北的一座建在半山腰上，可俯视全寺。

西寺据说是苏巴什佛寺僧人住的地方。这里的建筑群由于受到库车河的冲刷及河岸崩塌等原因,很多建筑已经不复存在了。然而,单是残留下来的建筑,其密度也是非常惊人的。这里也有3座高塔,虽历经风霜,但仍然保留了往日的风采,十分引人注目。另有一座石窟,刻有龟兹文和佛教人物像。

考古学者在这里发掘出了很多壁画塑像、吐火罗文字木简及残纸、镏金铜菩萨像、泥塑佛像等文物。在主寺庙遗址中,人们还发掘出了舍利盒,盒盖上绘有带着翅膀的童子,盒身上绘有一队唱歌跳舞的伎人。

苏巴什佛寺,不仅仅是一座佛教建筑的遗存,也不仅仅代表佛教的盛衰转变,它更是一种文明的载体。汤因比在与池田大作的对话中说,假如人有来世,我愿意出生在新疆,在库车地区。因为那里是古印度、波斯、希腊和中原汉唐文明的交汇之处。而苏巴什佛寺便是这

美丽的库车河秋景

神圣的皈依地——宗教建筑

苏巴什佛寺遗址的一处建筑

种文明交汇的一种现实体现。

中国最大的清真寺——艾提尕尔清真寺

新疆有大小清真寺两万多座，是中国伊斯兰教寺院最多的地区。其中，最大的一座为喀什市中心的艾提尕尔清真寺，它也是中国现在最大的清真寺。

"艾提尕尔"，是新疆信仰伊斯兰教的穆斯林作礼拜的大清真寺的通称。也有人将"艾提"按阿拉伯语解释为"节日"，将"尕尔"按波斯语解释成"广场"。这样一来，"艾提尕尔"就成了"节日的场所"。不过，实际上，穆斯林们虽然将清真寺作为各种节日时活动的场所，但在平时，他们也常在这里进行宗教活动。

艾提尕尔清真寺始建于1442年左右，距今已有近600年的历史。据文献记载，早期的艾提尕尔清真寺规模不大，而且周围是一片埋葬

死人的荒地。几百年前的一些喀什噶尔著名人物被埋在这里，如喀什王沙克色孜·米尔扎及其亲属。另有一些曾服务于宫廷的达官贵人也葬在这里。

1442年，喀什王沙克色孜·米尔扎的后裔在这里首先建造了一座规模很小的清真寺。后来，1537年前后，当时喀什的统治者乌不里哈德尔·米尔扎阿尔伯克在叔叔米尔扎·艾则孜外里死后，将其埋在这里。为了纪念叔叔，他将原有的小清真寺扩建成一个大寺。后来，这座大寺经过多次修缮，才成了今天的艾提尕尔清真寺。

在民间传说中，艾提尕尔清真寺的最初建成，与一个叫古丽热拉的富家女子有关。相传在18世纪后期，古丽热拉在去巴基斯坦途经喀什时，病故于此。她死后，留下了一大笔钱。人们根据她的遗愿，

艾提尕尔清真寺内的建筑

神圣的皈依地——宗教建筑

艾提尕尔清真寺的大门

用这笔钱建造了一座清真寺。这就是艾提尕尔清真寺的前身。后来，这座清真寺经过人们多次的修缮和扩充，尤其是1872年的一次大修建，使其达到了今天这样的规模。

1872年的那次大修建，这座大寺被分为两个部分：东面是清真寺，西面是教经堂。教经堂里有可供400名学生居住和学习的96个房间，同时还有可容纳100人使用的蒸汽浴室，以及供400人取暖的暖室，另有4个人工水池。人们还另建了高塔、拱北孜、殿堂等，并在寺内广种花草树木，初步形成了今天的艾提尕尔清真寺的规模。

全寺由礼拜堂、教经堂、门楼和其他一些附属建筑物组成，总面积达1.68万平方米，分为"正殿""外殿""教经堂""院落""拱拜孜""宣礼塔""大门"七部分。

在整个艾提尕尔清真寺的所有建筑中，论艺术造型之典范，当属入口处的寺门塔楼。

塔楼墙壁用黄砖砌筑，白石膏勾缝。远远望去，线条清晰，非常

艾提尕尔清真寺前的艾提尕尔广场

醒目。大门为浅蓝色，上方还刻有阿拉伯文的《古兰经》。

如基督教徒信奉《圣经》一样，《古兰经》是穆斯林信奉的一部经文，它被穆斯林视为真主对先知穆罕默德启示的真实语言。伊斯兰教的创始人穆罕默德在世时，他的弟子们不仅背诵经文，还将它们记录在树叶、石片和兽皮上，并代代相传下去。艾提尕尔清真寺的大门上方刻着的《古兰经》，是早期的几代穆斯林经过重新搜集并统一后的定本。

在寺门最上方，是一个长8米、距地面10.5米的巨大平台。每逢伊斯兰教盛大节日，尤其是肉孜节、古尔邦节和圣纪节，当穆斯林聚集在艾提尕尔广场上唱歌跳舞时，这里便会传来响彻云霄的羊皮鼓和锁呐乐声，昼夜不停。这里的节日气氛之浓，场面之热闹，在全新疆都是独一无二的。也是因此，艾提尕尔清真寺作为节日礼拜和聚会的场所，闻名于世。

当然，除了庆祝节日，穆斯林们平时在艾提尕尔清真寺里进行的最重要的活动，就是做礼拜。

每个周五，是穆斯林的"主麻日"。在这天，来艾提尕尔清真寺做礼拜的人多达几千人。伊斯兰教规定，每个周五的晌礼时间，所有成年、健康的男性穆斯林，都必须在当地较大的清真寺举行集体礼拜。这种礼拜被称为"主麻"。之所以要进行这样隆重的集体礼拜，是因为穆斯林认为安拉创造宇宙万物，他们要在此聚礼以答真主化成之恩。

做礼拜前，穆斯林要用水净身。净身分两种，有大净和小净。大净要求穆斯林要沐浴全身，还要漱口、呛鼻。相对而言，小净就要简单一些，只要清洗脸部、双手、双脚就可以了。另外，穆斯林还必须遮盖羞体，尤其女子，必须将全身都进行遮盖，只能露出面部和手脚。

据说，穆斯林在清真寺内礼拜时要排成长排，跪拜俯伏，且额头必须触到地面。也是因此，世界各地的穆斯林所戴的帽子都没有帽沿。如果有人戴了有帽沿的帽子，在做礼拜时就将帽沿转向脑后，以使自

艾提尕尔清真寺内一景

己的额头能够触到地面。

除了每周的聚礼,穆斯林每年要到清真寺举行两次"会礼"。婴儿出生时命名或人们亡故后的殡礼也要到寺内。

艾提尕尔清真寺作为中国最大的一座清真寺,以其悠久的历史、雄伟的建筑和绚丽的色彩等扬名中外。在中亚地区,它与布哈拉、撒马尔罕等地的著名大清真寺一样,受到多个国家和地区的穆斯林的关注。

库车的瑰宝——库车大寺

走过喀什艾提尕尔清真寺,让我们再来游一游新疆境内的第二大清真寺——库车县的库车大寺。

库车大寺没有艾提尕尔清真寺的历史悠久,也没有其规模宏大,但它是库车最大的清真寺,也依然影响巨大。

库车大寺内一景

库车大寺位于库车县旧城黑墩巴扎帕哈塔巴扎路,距库车县新城约4公里。公元16世纪,新疆依禅派始祖依斯哈克·瓦里在库车居住期间,建造了这座清真寺。最初,全寺以88根木柱支撑,是一座质朴的典型的木质结构寺院。不幸的是,1918年,一场大火烧毁了大寺。几年后,1923年,大寺被重修,直到1927年才竣工。1929年6月,大寺又遭遇了一场大火。当年年底,大寺又被重修。我们今天所见到的库车大寺,大多是砖木构成,虽没有像艾提尕尔清真寺一样的古迹斑驳,但依然渗透着非常浓郁的伊斯兰味道。

库车大寺的大门

寺院的砖石结构,既显得富丽堂皇又新鲜活泼。南疆地区林木资源不足,无论是居民房屋还是寺院建筑,大多是泥砖砌成。南疆缺少木材,但石材却非常丰富,所以,石料变成了人们装饰房屋的重要材料。劳动人民因地制宜,就近取材,用砖石建造了这座寺院,即明亮又安全。

库车大寺体现了伊斯兰建筑的精髓。最早时,清真寺的建筑都非

新疆吐鲁番鄯善县吐峪沟清真寺宗教节日里的伊斯兰教信众

常朴实，如麦地那先知寺，它只是用围墙圈出一个院落供穆斯林们礼拜。后来，随着穆斯林建筑艺术的发展，很多清真寺里出现了结构严整、雄伟壮丽和带有装饰艺术的建筑群。规模大一些的清真寺还建有尖塔和沐浴用的水房等。

寺院面积共1165平方米，主体建筑为两部分：寺院主体和供信徒礼拜时使用的大殿。

大寺的大门中上部有尖拱，两边有壁龛，用石头雕花而成。大门是宁静而充满生气的绿色。绿色是穆斯林尤其喜欢的颜色。因为最早传播伊斯兰教的阿拉伯地区，那里沙漠无垠，绿洲就成为生命与希望之地，而且绿色代表和平，伊斯兰本身就有和平之意。

寺院主体由宣礼楼、拱顶门楼、望月楼等组成，内有旋转楼梯可直接到达寺顶。礼拜寺分前厅和后室两部分，其形式是仿伊斯兰建筑中早期的形式。

与佛教、基督教的大殿不同的是，伊斯兰教的清真寺大殿内，绝对没有塑像，也没有人或动物的图像。在8世纪后，墙上都以几何图样或少量象征性的植物作点缀，而禁止绘以写实的形象作装饰。当然，库车大寺也不例外。

因为穆斯林认为，真主的样貌是不能用任何形象图案描绘表现的，而且为了避免任何偶像崇拜，大殿内便不允许出现人或动物的形象。在这种信念的影响下，一般的穆斯林家中也很少有人物或动物的形象。

在寺院东南角的地方，有一处伊斯兰宗教法庭的遗址，是新疆保留的为数不多的伊斯兰教司法机构遗址。这是一栋不起眼的形同民宅的小屋，一度声威显赫。曾经，这里的伊斯兰法官，可凭借着一本《古兰经》审理所有民事案件。如今，这里禁闭森严，门窗紧闭。里面的陈设如何，人们很难一探究竟。

与其他清真寺一样，人们到库车大寺时，有很多要注意的地方。比如要衣冠整洁，女性不能暴露手臂和双脚，也不能酒后进入；进入

礼拜殿前必须脱鞋;正式祷告的伊斯兰教徒面前,不允许行人;参观清真寺时,全程不得碰触《古兰经》等。

"又高又大"的清真寺——汗腾格里寺

在乌鲁木齐市南门,有一座本市最大的清真寺之一——汗腾格里寺。汗腾格里寺是现在人们对它的称谓,从建成直到今天,它曾有过很多其他称谓:喀什寺、南门大寺、闹市清真寺、肉孜·阿吉寺、汗腾格里寺。

1750年,寺院建成,最初有28间店铺和客栈。穆斯林的宗教活

美丽的汗腾格里峰。汗腾格里寺的名字由来可能与此山峰有关。

动经费，就靠租房的商贩筹集。由于这些商贩大多是喀什人，因而这座寺院开始时也俗称"喀什寺"。后来，1766年，清政府将乌鲁木齐都统府从九家湾迁到新城，并设立了东南西北四门。由于这座寺庙地处南门，所以当地人又称其为"南门大寺"。1882年，伊犁将军府迁到寺院附近，由于工商业和手工业的迅速繁荣，寺院附近一时热闹非凡，因而人们又称它为"闹市清真寺"。1903年，一位名叫肉孜·阿吉的著名商人出资修缮了该寺，并捐出了很多件豪华的店铺，于是人们又称其为"肉孜·阿吉寺"。1984年，国家拨款50万元，群众集资5万元，重新修缮了该寺，到1988年竣工时，寺名正式确定为"汗腾格里寺"。

在维吾尔语中，"汗腾格里"有"又高又大"的意思。在新疆阿尔克苏北山，有一座汗腾格里峰，是天山高峰之一。汗腾格里寺取其寓意，以其山峰名做寺院名。这个名字的确定还有另一个缘由，据说该寺最初建造时就曾被命名为汗腾格里清真寺。在该寺内，原来曾有一个清泉，泉水流向乌鲁木齐河，泉流经过的地方叮咚作响，其声音与"汗腾格里"极为相似，因而得名。

2001年，国家拨款修缮汗腾格里寺，2004年竣工。重建后的汗腾格里寺，外观壮丽，造型美观，具有浓郁而典雅的伊斯兰建筑风格。

伊斯兰教传入中国内地时，其独特的建筑艺术也随之传入，使得维吾尔伊斯兰建筑造型方式与中原汉族建筑迥然相异。公元14世纪，元（1206—1368）、明（1368—1644）之交时，回族逐渐形成。这个民族的人们在建造清真寺时，在保留伊斯兰信仰的前提下，又借鉴了汉式佛寺建筑式样。不过，清真寺与佛寺道观有明显不同之处，如佛寺大殿大多坐北朝南，而清真寺礼拜殿均坐西向东。

汗腾格里寺占地3800平方米，有宣礼楼、礼拜大殿和庭院三个部分。

其中的宣礼楼，另有一个好听的名字，叫"唤醒楼"。这是1882

年伊犁将军府迁到此地后，人们捐资修建的一座门楼。所谓"唤醒楼"，也就是要唤醒人们，使人们勤奋地工作，幸福地过好每一天。这里也是穆斯林每天早晨向太阳和大地宣礼的地方。

礼拜寺坐西朝东，四座高大尖塔簇拥着中间的大圆屋顶，两侧另有两个小圆顶陪衬，具有典型的伊斯兰教风格。

大寺上下共 4 层，地上两层，地下两层，分内寺、外寺和廊厦三部分。廊厦有一排共 12 根柱子，顶部都有一弯新月，象征一年有 12 个月。

大殿前和寺院内的很多地方，都摆放着鲜花。这种陈列方式是维吾尔人民的一种特色，与其他国家的伊斯兰寺院有明显不同。这种虚拟对比，使人产生了一张一弛的时空境界，置身其中别有一番韵味。

"圣仁仁慈之庙"——昭苏圣佑庙

在新疆，最出名的清真寺要数艾提尕尔清真寺，而最著名的喇嘛教寺院，就要数昭苏圣佑庙了，也叫圣佑寺。

新疆的喇嘛教来自西藏。松赞干布建立吐蕃王朝后，佛教开始大规模地传入西藏，是为藏传佛教，也叫喇嘛教。明朝中期，西藏的喇嘛教传到今外蒙古和内蒙古一带，不久后又传到新疆，在今乌鲁木齐一带的和硕特部和游牧于今塔城一带的土尔扈特部盛行。当时，新疆信奉喇嘛教的各部首领不仅自己非常虔诚，还派王子到西藏去念经拜佛。后来，游牧于今伊犁河流域的准噶尔部征服了其他两部，在伊犁大建喇嘛寺庙。准噶尔汗还专门派人到拉萨取回了大莆佛像、佛器，并将其放置在喇嘛寺里。在今天的圣佑庙中，还保留着准噶尔汗后裔洛戎卡布腾的袈裟和坐椅。传说，这位洛戎卡布腾曾经亲自赶赴西藏拜佛求经，学成后返回新疆伊犁，在那里主持佛寺事务。

清朝（1644—1911）时，清政府平定了准噶尔叛乱后，将其中的一座喇嘛寺院定名为圣佑寺。今天,圣佑寺的大殿还悬挂着当年用汉文书写的"敕建圣祐寺"五个金色大字的匾额。

昭苏圣佑庙,在伊犁地区昭苏县城西北1公里。说起昭苏县,它的名字还与圣佑寺有着很大的关系,可见该寺在当地的影响之大。圣佑寺俗称"喇嘛昭",所以昭苏县取了其中的"昭"字,与"六苏门"中的"苏"字和在一起,得到了昭苏县这个名字。其中的"六苏门",也就是1762年清朝政府在昭苏边界一带建立的六个哨卡。

此外,在汉语中,"昭"含有光明的意思,"苏"则代表复苏萌发,

美丽的昭苏县风光

阳光下的圣佑庙大雄宝殿

所以"昭苏"有"昭然复苏""重获生机"的寓意。在哈萨克语中,"昭苏"的意思是"蒙古勒库热",也就是"蒙古族庙宇所在地",冥冥中与圣佑寺的存在也有着非常紧密的联系。

圣佑寺始建于清光绪二十四年(1898年),占地数百亩,气势雄伟、古朴庄严,是新疆现存喇嘛庙中最大也是最完整的一座寺院。

在伊犁地区的蒙古族人民中,流传着这样一首歌谣:"圣佑庙呵,你多么神圣,花了10万两银子才把你建成……"

这首歌谣唱的是圣佑寺建成时的故事。传说,圣佑寺是蒙古族信仰喇嘛教的牧民建成的。在蒙古语中,圣佑寺意为"圣仁仁慈之庙"。传说,当时在新疆地区有一座简易的小庙,因为部落之争,被迁到哈桑河畔,后来又辗转迁到昭苏县。为了重建这座庙,蒙古族人民捐资7000匹马,又不远万里来到京城,请来了建筑名师李照福等30名工匠。

1898年动工兴建，前后共用了4年时间，花费了10万两银子，才建成这座金碧辉煌的圣佑寺。

圣佑庙内古木参天，松杉蔽日。庙内的建筑金碧辉煌、庄严肃穆，既保持了内地寺庙建筑特色，又融合了甘肃和青海地区传统建筑的特点。

大寺的建筑群体共有八座建筑，沿着中轴线对称分布。从寺前沿着中轴线远远望去，便依次是照壁、山门、前殿、大殿和后殿。在这些建筑的左右两侧，都有硬山顶的配殿和平面呈八角形的楼亭。宏大壮丽的建筑群依山而建，高低起伏，布局精妙。都说劳动人民的智慧是无穷的，这座寺庙便是一个凭证。

圣佑庙的主体建筑是金碧辉煌的大雄宝殿。大殿高达17米，进深共7间，上下两层。主殿的檐下曾经悬有以满、汉文书写的"敕建圣佑寺"匾额，但今天已经不见踪迹了。

从艺术上看，大殿更注重檐下的表现。梁枋上有很多雕刻或绘画，有栩栩如生的凤凰、麒麟、雄狮、猛虎等珍禽异兽，檐柱间的花牙子为透花雕，从色彩和形式上均具有鲜明的藏式装修特色，具有较高的艺术价值。

以前，大殿的殿廊上的壁画和廊画丰富多彩，很有看头，有千姿百态的珍禽异兽、神话传说、历史故事等，如"二龙戏珠""子牙钓鱼"。遗憾的是，这些画在后来的动乱中全部被摧毁，同时被毁掉的，还有殿内陈设的几百尊佛像法器、经卷以及左右侧墙的壁画等，非常可惜。

殿内点燃着酥油灯，供奉着成吉思汗和第十世班禅额尔德尼·确吉坚赞的画像，还挂有不少来自西藏和青海的唐卡。唐卡也叫唐嘎，是用彩缎装裱后悬挂供奉的宗教卷轴画。由于年深日久，这些唐卡有的已经被烟熏得很旧了。据说，其中有一幅还印着释迦牟尼的脚印。

大殿的二楼是佛楼，从殿内东西两侧的木制楼梯可以上去，那是喇嘛教修炼密宗的地方。佛楼的中间位置有一座白色蒙古包，里面供奉着佛像。一些窗棂上系着细布条，有几处还有印着藏文的白色经幡，上面画有驮着法器的骏马。喇嘛教将这种经幡叫做"风马"，代表着鲜活的生命力和高昂的情绪。

　　除了主体建筑大殿外，圣佑寺内的其他建筑也同样造型优美，宗教气息浓郁，红、黄、金、橙、紫、蓝、绿、白等色，齐聚一堂，显得古朴而庄严。近年来，尤其是改革开放以来，到这里的香客和游客络绎不绝，香火终日不断，是新疆地区非常值得游览的宝地之一。

古韵新疆

峭壁上的佛音——
石窟艺术

龟兹石窟之首——克孜尔石窟

在新疆，说起佛教来，有一种艺术是人们不得不提的，那就是石窟艺术。而说起石窟艺术，也有一种不得不提的，那便是龟兹石窟艺术。古龟兹国曾是新疆地区的佛教圣地，著名高僧鸠摩罗什就出生在这里。数以万计的佛教徒们不仅在这里修建了大量寺庙，还在这里修建了很多闻名中外的石窟。这里的石窟艺术，甚至比莫高窟的历史更加久远。

在龟兹的众多石窟中，首屈一指的，当属克孜尔石窟，又称克孜尔千佛洞。它是中国开凿最早、地理位置最西、新疆最大的佛教石窟群，并以卓越的壁画艺术著称于世，其价值在世界考古界、石窟学术界都被推崇备至。它被誉为第二个"敦煌莫高窟"，被学术界视为群芳之冠。

克孜尔石窟远景

峭壁上的佛音——石窟艺术

克孜尔石窟外景

　　克孜尔石窟在库车拜城县克孜尔镇东南7公里的一个的崖壁上，南面是雀尔达格山，距地面约有40米高。附近山水环绕，林木葱郁，风光旖旎，确是修行参禅的好地方。

　　克孜尔石窟的名字的由来，与它南面所对的那座雀尔达格山有着直接的关系。在维吾尔语中，"雀尔"是戈壁的意思，"达格"则代表山。雀尔达格山就是北魏郦道元在《水经注》中所记载的赤沙山。由于山上的沙石呈红色，在阳光的照耀下更显得一片红亮。维吾尔语中，红色就是"克孜尔"，克孜尔石窟便由此得名。

　　根据佛教在龟兹流传的情况来分析，克孜尔石窟大约始建于公元

三、四世纪，或者更早一些。公元六、七世纪，是它的盛行时期，而到了公元 8 世纪末时，吐蕃占据了龟兹后，它可能被逐步废弃，或者至少此时已经停止了大规模的新建。这样算下来，该窟的营造时间约为五六百年之前。

现在，这里共有洞窟 236 个，较为完整的有 135 个，其中 75 个窟有保存尚好的壁画，面积达 1 万多平方米。遗憾的是，20 世纪初，日本、德国等其他国家探险队曾来到这里进行大肆抢掠和破坏，大量壁画、彩塑及文书或者被摧毁，或者被带到国外，陈列在西方国家的博物馆中。

克孜尔石窟大致有四类：一类是供僧徒礼佛观像用的"支提窟"，也就是礼拜窟；一类是讲经说法用的"毗诃罗窟"；一类是坐禅用的禅窟；还有堆放物品用的仓库窟。这些不同类型和用途的石窟，大多都非常有规律地组合成一个个单元。从配列的情况看，每个单元可能就相当于一座佛寺。我们由此可以想象，当时，这里曾是一个佛寺栉比、僧徒比肩的地方。这种窟室结构和布局非常特别，甚至在全世界都非常罕见。

克孜尔石窟的第 47 号窟，是古龟兹国大像窟中最宏大也是最具特色的。虽然历经岁月风霜和人为的破坏，但它的恢弘气质却毫不逊色于其他石窟。该窟分前后两室，前室高 16.8 米。专家推测，这里当年曾经塑造有一尊至少 16 米高的大佛像。

第 118 号窟，是毗诃罗窟的经典代表之一。该窟分为前后两室，中间留有一道门和两个窗子。前室是用于高僧讲经说法和打坐的地方，后室中央画有一幅菩萨说法图。左右两侧的角落里，分别画有身穿四个西域服装的女供养人。通过这里的布置情况，专家们推测出，这里应该是葱岭以东的王族妇女经常听法的比丘尼说法的讲堂。

僧侣们居住的寮房，特点也非常鲜明。按照佛经所述，寮房大多是用草木或泥建成的，一般都在山中、水边、树下或大石边的石窟里。

峭壁上的佛音——石窟艺术

原克孜尔石窟内的说法图,现藏于德国柏林东方艺术博物馆。

《十诵律》第三十四中还说，寮房内本来没有门，后来为了防止野兽的侵袭才安装了门，但所有的门都不上锁。房间里原本也没有窗子，为了照明又开设了窗子，但为了防止飞鸟入侵，便又在窗外结了网。

除了这些特色鲜明的窟洞设计和装置，克孜尔石窟中不得不提的另一种瑰宝，便是壁画。

克孜尔石窟的壁画，多以表现小乘佛教派深山苦修的教义为宗旨，题材非常广泛，不仅有佛教故事画像，还有飞禽走兽、花草树木和大量民间生活情景的画面。其中古龟兹国少女奏乐舞蹈的画面，历来为人们所称道。

壁画中的本生故事画，是克孜尔千佛洞的精华。这些图画大多绘在中心柱窟的主室和窟顶，也有少量绘在方形窟的四壁。其中，第17号窟的窟顶所绘的38个本生故事画，被称为"故事画之冠"。

壁画中的伎乐飞天和龟兹乐舞形象，多姿多彩。画中的女子们体态轻盈，半身上裸，或立或蹲，或腾跃如飞，或脚尖点地优美旋转，

克孜尔石窟外的高僧鸠摩罗什铜像

身姿优美,柔若无骨。其中,一幅壁画上绘有20位乐师,每人各抚一种乐器,乐师的手势与乐器音位戛然停留在同一节拍之上,其艺术表现力令人瞠目,实为古代壁画艺术中的精品。

克孜尔石窟的壁画中,还有畜牧、狩猎、农耕、乘骑、古建筑的真实写照,如175号洞中的名画"二牛抬扛"。画中有两头膘肥体壮的老黄牛,低头合尾,合台一根木杠奋力拉犁,农夫一手扶犁,一手举鞭,聚精会神地犁地。

在石窟外,还立有高僧鸠摩罗什的铜像,来纪念这位在佛教发展史上作出卓越贡献的人物。

1949年后,国家在这里专门设立了文物保护机构,对所有的重要石窟都修建了窟门和梯架,还专门修了一条直通石窟脚下的翻山公路,更利于人们的考察和参观。

深山细水间的森木塞姆千佛洞

由库车县城出发,沿着东去往乌鲁木齐的公路行驶约20公里,再向正北行10公里,就到了牙合乡的克内什村。出克内什村向西北,入戈壁后再前行5公里,便进入了乌鲁克达格山口,中有小溪自山中蜿蜒流出。就在溪水东西两岸的崖壁上,分布着许多石窟,这便是森木塞姆石窟群,也叫森木塞姆千佛洞。"森木塞姆",维吾尔语意为"细水流出",想必石窟的名字与这条溪水有着莫大的关系。

森木塞姆千佛洞开凿的年代约在公元4世纪,比克孜尔石窟稍晚,约到公元9世纪时逐渐衰败。现在,已经标号的石窟共52个,大部分是西域式石窟,内有壁画的共19个。

比起龟兹石窟中的其他石窟,尤其是克孜尔石窟,森木塞姆石窟的早期壁画有着两个非常显著的特点:一是佛本生故事多选用与猕猴有关的题材,如猕猴千舍身救群猴、狮子王舍身救猕猴等;二是壁画

森木塞姆千佛洞所在的库车县的美丽风景

多属于小乘佛教思想，具有明显的龟兹艺术风格，其中的第 11 号、43 号窟是库车境内各石窟群中最高大的两座"大像窟"。第 22 号窟形制独特，对古建筑的研究很有价值。壁画中出现的卧箜篌，是库车县所有石窟中独一无二的，其他石窟中虽然也常有箜篌出现，但没有一处是卧箜篌。

　　森木塞姆千佛洞中的壁画大致分前后两期。前期要以第 11 号窟、43 号窟和 22 号窟为代表。

　　第 11 号窟是一大像窟，前室正中间的墙壁上处，原来塑有一尊大佛，左右两侧的墙壁上各开了五道凹槽。左侧的甬道顶部画有坐在双马拉车上的日天和月天，还有金翅鸟、紧那罗、火天、大雁、飞天等形象。左侧的墙壁上画着须大拏太子本生和猕猴王本生等故事。

　　在龟兹各石窟中，猕猴王本生故事画是最为普遍的，它讲述的是这样一个故事：古时候，梵授王在波罗奈治理国家时，菩萨转生为猕猴。多年后，他长成了一个身材健壮的猴子，率领着 8 万只猴子住在喜马拉雅山上。一次，群猴在森林里采摘芒果，嬉笑玩耍，好不欢乐。然而，正当大家高兴的时候，梵授王发现了他们，并命令弓箭手将其包围。其他猴子见此情景非常害怕，猴王便站出来安慰大家："别怕，我会救你们的。"

芒果树林紧邻恒河，河对岸也生长着茂盛的大树，只要大家能逃到对岸就安全了。于是他爬上高高的芒果树顶，纵身朝恒河对岸跳过去。他在一棵树下找到一株长长的蔓藤，一头系在树上，另一头绑在自己腰上，然后又跳回芒果树林。他虽然在事先已经计算好了蔓藤的长度，但是忘记计算绑在自己腰间的那段蔓藤，结果跳回芒果树林后，他无法抓到树干，只能双手抓住树梢。他就这样用自己的身体和蔓藤为猴群搭了一座桥，让大家逃走。8万只猴子向猴王行礼后，纷纷安全逃走。然而，猴王所不知的是，猴群中有一只特殊的猴子，它是提婆达多转世而成的，一直视猴王的前身为自己的宿敌。它认为这正是报仇的好机会，于是爬上高处的树枝后飞速跳下，踩在了猴王背上。猴王顿时心脏迸裂。

梵授王目睹了猴王舍身救大家的这一幕，对猴王刮目相看，于是命人把它救下来，并拿一件黄袍披在它的背上，用恒河水替它沐浴，给它喝糖水，用油膏涂抹它的身体，在床上铺一张涂过油的皮，让它躺在上面。然后，梵授王自己坐在矮凳上，念了第一首偈颂："捐躯作桥梁，群猴得安全，猴王与群猴，关系非一般。"猴王听后，也念了几首偈颂来教诲梵授王，之后便死去了。

这个故事所宣扬的，是小乘佛教"渐次修行、善恶因果"的教义，在早期壁画中占有重要地位。

森木塞姆千佛洞的后期壁画，其艺术表现与前期壁画相比，更为刚劲而挺秀。其中的第5号、41号、42号窟是后期石窟的代表。

观察森木塞姆石窟的壁画，我们能从中看到一些中原文化的影子。比如其中树下的对鸟和对兽，与中原地区的战国、两汉时期的对鸟和

对兽纹瓦当,以及唐朝"瑞锦对峙"的纹样,非常接近。还有护法天王身上所穿的甲胄,其样式接近敦煌莫高窟的壁画。

"汉风窟"——库木吐拉石窟

克孜尔石窟东侧约十几里的地方,有一条河叫木扎提河。沿着这

条河向下游走去，到渭干河口附近，就到了另一处石窟群——库木吐拉石窟群。两处石窟群直线相距仅有 15 公里。

库木吐拉石窟在新疆库车县城西南约 30 公里处，始建于公元 5 世纪，比克孜尔石窟要晚一些，11 世纪时被废弃。

在库木吐拉石窟东北方向不远的地方，是著名的克孜尕哈石窟，西南方则还有托乎拉克埃肯石窟。看来，在方圆几十公里的地方，库

库木吐拉石窟壁画

木吐拉石窟并不是唯一的一处石窟，那么，在多个石窟林立的情况下，它的地位又如何呢？

专家学者研究后认为，今天库车县的皮朗古城，就是古龟兹国在汉唐时期的都城所在地。在多个石窟中，库木吐拉石窟距离皮朗古城最近，这应该是它得以兴起和发展的一个重要原因。另外，在库木吐拉石窟东南方向约两公里的地方，有一座古城遗迹，被称为玉曲吐尔遗址。有学者从它的规模和城墙结构等方面判断，它很可能是唐代时安西都护府所在地。由此可见，库木吐拉石窟在龟兹石窟中，是占有很重要的地位的。

在清代著名地理学家徐松的《西域水道记》中，有中国古文献关于库木吐拉石窟的最早记载，里面介绍说："渭干河东流，折而南凡四十余里，经丁谷山西，山势斗绝。上有石室五所，高丈余，深二丈许，就壁凿佛像数十铺，碘路香花，丹青斑驳。洞门西南向，中有三石榻，方径尺，隶书梵字，镂刻回环，积久剥蚀，惟辨建中二年字。又有一区是沙门题名。"

据现在编号，库木吐拉石窟共有112个洞窟，其中的40多个石窟内存有壁画。壁画风格主要是龟兹画风。我们可以看得出，当年的画师们在吸收印度、中原风格的基础上，加上自己的创造，得出了这样一种具有鲜明民族特色的龟兹风格壁画。从历史研究角度上，这些壁画俨然一部展现龟兹历史的画廊。

说起库木吐拉石窟，我们不得不提到它的一个别称——"汉风窟"。这也是它最与众不同的一个特色。它的早期壁画与克孜尔壁画风格相似，但到了中后期，其风格便与中原尤其是敦煌壁画非常相似。"汉风窟"由此得名。

库木吐拉石窟的开凿年代，大致有三个时期。第一个时期是两晋时代。在这一时期的壁画中，飞天的造型还只有平面的效果，画师只注重了人物轮廓的变化，而在空间结构表现方面没有充足表现。中原

峭壁上的佛音——石窟艺术

南北朝和隋代时,这里进入了第二时期,这时的画面生动感明显增强。虽然飞天人物的丝带还是略显生硬,但我们看得出,画师已经开始重视空间结构的把握。到了第三时期,也就是中原的唐朝时期,这里的绘画艺术发生了翻天覆地的变化。尤其是在汉化后,这里的壁画艺术成就登上了史上最高峰。无论从画法还是画中的任务装扮来看,这里的壁画都具有了很浓郁的中原之风。这是印度佛教中国化的一个体现,也是中原佛教艺术向西域回传的标志。

然而,今天,就在我们欣赏如此独具一格的石窟艺术的同时,有一个难题在困扰着大家,那就是,是谁开凿了这些石窟?那些中原文化气息浓郁的壁画又是出于何人之手?

原库木吐拉石窟壁画,现藏于德国柏林东方艺术博物馆。

中国著名考古学家阎文儒先生,在其1962年发表的《龟兹境内汉人开凿汉僧主持最多的一处石窟——库木吐拉》中,这样解释这个问题:库木吐拉石窟群中,有至少十几个窟是汉人开凿的。另外,在这些石窟中,到处可见汉文的题记和汉僧的提名。由此更证实了其中的一些石窟确实可能是汉人开凿的。那么,那些明显具有中原文化气

原库木吐拉石窟崇拜者和天神壁画,现藏于德国柏林东方艺术博物馆。

息的壁画,应该也有很多是出于汉人之手。

第14号窟的"降魔变"壁画,就具有相当浓郁的汉风。画中击刺释迦牟尼的魔鬼的头上戴着雉尾,这与山东益都驼山盛唐窟中的天王的装饰是相同的。另外,"迎佛图"中的江水,与敦煌莫高窟中盛唐以来的壁画一样,已经是"一摆三波,三折之浪"。这些都是中原地区的石窟在盛唐之后的壁画艺术标志。

相对于龟兹最大的克孜尔石窟而言,库木吐拉石窟是仅次于它的龟兹第二大石窟。它的规模虽然比克孜尔石窟小,开凿时间也相对较晚,但是,它保存了大量具有中原文化气息的艺术作品,是古代龟兹与中原之间密切交往的一个见证。也是因此,库木吐拉石窟在所有龟兹石窟,甚至在新疆的所有石窟中,都占据着极其重要的地位。

辉煌远去后的克孜尔尕哈石窟

克孜尔石窟与库木吐拉石窟直线相距15公里左右,而它们附近还有一处石窟,与它们形成三角关系,组成古龟兹国都附近最大的一处石窟群,它便是雀尔达格山南麓的克孜尔尕哈石窟。

克孜尔尕哈石窟距离库车县城约 12 公里。从附近的汉时的烽火台遗址来看,这里曾有过一条大路通过,应该也曾是繁华之地。遮天大路的走向大致是这样的:它先沿着哈尔克山南麓向西,到库车河处转向南,直通到雀尔达格山,然后沿着雀尔达格山南麓向西,到渭干河与雀尔达格山的交汇处。在这里出现一个岔路口,一条沿渭干河北岸通往拜城盆地,另一条越过渭干河后再沿着雀尔达格山南麓西行。

经过考证,这条大路形成于西汉时期,当时,汉武帝派张骞出使西域大月氏后,中原与匈奴间曾进行了 70 多年的斗争。到汉宣帝神爵二年(前 60 年)时,匈奴投降。之后,朝廷在这里设置了统辖新疆地区的最高长官——西域都护,并兴修水利,建筑烽火台,修建道路。

克孜尔尕哈烽火台遗址

我们这里介绍的这条大路就是这时修建的。它曾一度是龟兹境内最繁忙的大路之一，直到元朝时还是如此。而克孜尔尕哈石窟，是人们通过这条大道去往克孜尔石窟和库木吐拉石窟等地的必经之地，因此，这条大路的繁荣也就注定了克孜尔尕哈石窟的兴盛。早在公元642年以前，克孜尔尕哈石窟就已经成为龟兹地区重要的佛教圣地。

克孜尔尕哈石窟的开凿时间约在公元4至5世纪，现在有编号的共54个洞窟。其内的壁画以本生故事和因缘故事为主，其中的本生故事以大幅画面绘在中心柱窟的通道的侧墙上，这是克孜尔尕哈石窟的特色之一。克孜尔尕哈石窟另有一个独特之处，就是有龟兹石窟中保存最完好的艺术品——第30号窟后室顶部的飞天。

相对于敦煌莫高窟和库木吐拉汉风窟中的飞天而言，克孜尔尕哈石窟的飞天独具特色。它较多的是表现供养，或是佛涅槃后的举哀，所以飞天是自上而下的。这些飞天的形象由于各自职能不同，所体现出的姿态和表情也有所不同。如第16号窟主室顶部的供养飞天中，以深邃的蓝天为背景，一身身飞天的天衣斜披，双腿屈曲，披帛后仰，显示出他们下降的速度是非常快的。

第30号窟的后室顶部壁画中，联珠纹边饰将8身飞天隔成两排，每排都有4身。中间的两身相对着飘落，两侧的两身则一前一后。这些惟妙惟肖的天神飞翔在蓝色的天空中，令人感到无限宁静与安祥。与他们同时飘落的，还有很多宝珠、香华、璎珞等，为整幅画面增添了生气，使悲壮的氛围中增添了很多活力，这是龟兹飞天的又一特色。

除了第30号窟中完美的飞天形象外，克孜尔尕哈石窟壁画的另一个具有特色之处的是国王及其家族的供养像。

在第13和14号窟的壁画中，出现了地神托举龟兹国王和王后的形象。依据龟兹国王和王后的形象以及龟兹题记判断，这里应该是龟兹王室的寺院。画面中，地神从地层中露出上半身，穿着紧身天衣，手臂上缠着飘带，还戴着项链和耳环。他托着供养人的脚尖，轻轻将

峭壁上的佛音——石窟艺术

游客在欣赏克孜尔尕哈第30号窟的临摹壁画《飞天》

他们托起。这种地神托脚的形象，虽然在世界各地的石窟中很常见，但其他石窟中，只出现有地神托着佛陀的脚的形象。佛经说"大地神女，名曰监牢"，也就是说，地神的名字叫做监牢。《金光明经·监牢地神品》中，说监牢地神曾表示："我当在中常作宿卫，隐蔽其身于法座下，顶礼其足。"这是地神托举佛的脚的描述。像这种地神托着供养人的脚的形象，是克孜尔尕哈石窟首创的。就连敦煌莫高窟中于阗王李圣天供养像中的种种形象，也要比克孜尔尕哈石窟中的晚一些。

除了我们介绍到的第13、14、30号窟外，还另有很多具有代表性的洞窟，如第16、21、23号窟等。从总体上看，克孜尔尕哈石窟无论从洞窟的形制上还是壁画的风格上，都与克孜尔石窟非常接近。与其不同的是，我们在这里能看到一些中原文化的因素，只不过其氛围较以"汉风窟"闻名的库木吐拉石窟要弱一些。由此可见，克孜尔尕哈石窟的地位也是非常重要的。

回鹘佛教艺术宝库——柏孜克里克千佛洞

在距离吐鲁番市东北45公里的地方，正是风景秀丽的火焰山峡谷深处。在南面约22公里处，是曾见证了吐鲁番历史沧桑的高昌古城。而这里，有一处闻名中外的石窟群，就是柏孜克里克千佛洞，也叫柏孜克里克石窟。

这里峡谷蜿蜒曲折，中有流水叮咚，两岸有峭壁林立。千佛洞的三层共83个洞窟，就沿着河水西岸建于赤红的山体之上。无论吐鲁番的天气多么炎热，这里总是一片深幽清爽，确是修行参禅的好地方。

"柏孜克里克"的维吾尔语意为"山腰"，突厥语则意为"装饰绘画"，而柏孜克里克千佛洞，恰恰就是一座建在半山腰的艺术宝库。它是新疆地区较为著名的佛教石窟寺之一，也是回鹘文化艺术之瑰宝，曾一

山腰上的艺术宝库——柏孜克里克千佛洞

峭壁上的佛音——石窟艺术

柏孜克里克千佛洞外景

度是高昌地区的佛教中心，辉煌无比。它始建于公元6世纪，是回鹘高昌的王家寺院，在唐代时被称为"宁戎寺"。后来历经唐、五代、宋、元诸代，前后共700多年，到1283年回鹘高昌王室东迁后，才逐渐衰落为民间寺院。

柏孜克里克千佛洞共有83个洞窟，现存57个，其中有壁画的40多个，壁画总面积达1200平方米，大部分为回鹘高昌的遗迹。它是吐鲁番现存石窟中洞窟最多、壁画内容最丰富的石窟群。遗憾的是，在19世纪末至20世纪初，德国、英国、俄国及日本等国家的探险队接踵而至，致使大量壁画、塑像、文书等流散海外。

相对于其他石窟而言，柏孜克里克千佛洞的建窟方式比较特殊。因为它的洞窟不单是在断崖立面上开凿而成的，还有很多是在与断崖相接的台面上用土坯砌筑而成的。

洞窟内的壁画内容非常丰富，有以大立佛为中心的佛本行经变故

77

事画，有四天王、四方佛、列佛、列菩萨、飞天、供养人壁画等，还有大量的汉文、回鹘文双行并书的榜题。色调以红与石绿为主，另外还有蓝、黑、黄等色，画面颜色非常艳丽。直到今天，里面的壁画的颜色依然，色泽如新，非常鲜亮，是中国古代绘画艺术的珍品。窟内各个时期的回鹘供养人像是现实生活中回鹘人的真实写照，尤为珍贵。

各洞窟的壁画中，最具代表性的是第16、17、20、27、33、38号窟。

第16号窟由突厥贵族兴建于中唐时期。石窟里有现存最完整的一幅伎乐图。图中人物造型生动，线条流畅，而且出现了一种中国佛窟中首见的古代乐器——忽雷。忽雷也就是一种龙首琵琶。这种乐器出现在中国佛教乐器中，当属柏孜克里克石窟的首创，为研究古代西域乐器提供了宝贵资料。

第17窟《地狱变》中的画面，酷似摩尼教冥府图，是回鹘人早期信仰摩尼教的形象记录，在全国都非常罕见。

第27号窟壁画中的男供养人像，是一幅有关突厥人形象的珍贵画像。

柏孜克里克千佛洞内的以大型立佛为中心的故事画

画面上的人物身穿长袍，头不戴冠，身后拖着一条长绢。这与《大慈恩寺三藏法师传》中对突厥叶护可汗"身著绿绫袍，露发，以一丈许帛练裹额后垂"的记载完全相符。

第 33 号窟的《举哀图》创作于西州回鹘时期，描绘的是佛涅槃后众弟子默立举哀的致意图。画面上，十几个肤色各异、发式服饰迥异的佛门弟子，围侍在涅槃后的佛前虔诚祈祷。整个

柏孜克里克千佛洞内的部分壁画

画面线条流畅，神态逼真，西域各族人民对佛的虔诚信仰在此可见一斑。

第 38 号窟描绘了古代摩尼教生活场景，是摩尼教曾经在回鹘高昌盛行的考证之一，具有珍贵的历史和文化价值。

9 世纪中叶以后的回鹘壁画中，最具特色的是以大型立佛为中心的故事画。在这些画中，有约 3 米高、身披红色褊衫的立佛，头向一侧，手施各种印记，脚踏盛开的莲花。周围有的还绘有城郭、庙宇、塔寺等，堪称艺术珍品。

从柏孜克里克千佛洞的壁画中，我们可以明显地看出吐鲁番地区

佛教的衰落。在兴建于 12 至 13 世纪的第 53、54、56 等窟的壁画中，各种坐佛、立佛、供养菩萨像，以及《千手眼观音变》等各种观音经变故事逐渐增多，而表现成佛思想题材的故事则大幅度减少。这种变化反映了回鹘高昌由强盛进入衰弱时，最高统治者思想意识方面的微妙变化——他们已经由幻想成佛转变为求佛保佑。但在不久后，随着伊斯兰教的传播，柏孜克里克千佛洞还是在宗教冲突中惨遭毁灭。

举世公认，柏孜克里克千佛洞是回鹘佛教艺术中最重要、数量最多、保存最完整、最有代表性的艺术宝库，对研究维吾尔族的古代文化艺术，具有非常重要的价值。虽然它宣传的是宗教思想，但我们却可以从中看到古代回鹘各阶层人民的不同形态，并通过其中的亭台楼阁、瓜果食物和衣冠服饰等画面，看到古代少数民族人民的部分真实生活。

可惜的是，历经风雨和磨难后，当年恢弘壮观的佛寺如今只剩下了一处处断壁残垣。只有赤红的火山连绵依旧，清冽的河水蜿蜒长流，向人们诉说着这里昔日的辉煌。

古韵新疆

庄严肃穆的佳城——
古墓园林

古老的智慧——焉不拉克古墓群

　　自古以来，新疆就是一个充满神秘色彩的地域，无论是它独特的自然环境，还是悠久的古老文化，一直是人们津津乐道的话题。在这里，关于山脉、河流、古城、民族、建筑、习俗、园林、墓地等等，许多事物都有相关的神奇故事。来到新疆，就如同来到一个神话王国，这里的老人们会绘声绘色的向你讲述那遥远的传说。

　　其实，无须老人们讲述，只要你踏入这片土地，放眼遥望，那些事物自身就会告诉你，他们有着动人的故事，尤其是新疆的墓地，每一个墓地都在讲述着一个人、一个家族、一个国家、一个朝代，甚至是几个朝代的连绵悠长的故事。

　　首先，我们就从一处距今3000多年的古墓群讲起吧。在哈密市三堡乡焉不拉克古村旁，有一个焉不拉克古城，在古城相邻的地方，

焉不拉克古墓群所在地的哈密市瓜果飘香

有一片墓地，这就是焉不拉克古墓群。这片墓地面积很大，大约有8000平方米。墓葬分布在两条西北—东南走向的土岗上。从土地的表面来看，看不出什么明显痕迹，但只要走近，就会发现，这片土地上有许多竖穴土坑墓和竖穴生土二层台墓，墓葬排列密集，就如同现今的墓园一样，一座墓挨着一座墓。

从考古人员挖掘出的随葬品来看，里面有陶器、石器、木器、铜器、铁器、金器、骨器和毛纺织品等。考古学家认为，这些器物都是早期铁器时代的遗存。也就是说，早在公元前1300年到公元前600年，就有人类在这里生活了。那时候的人，生产方式还很落后，人们要获取食物，抵御动物和外族的侵袭，常常是聚族而居。并且，那时人们的等级制度，也还没有完全建立起来，所以才会出现密集排列的墓葬群。

1958年，中国著名的考古学家黄文弼，第四次进入新疆考察时，在墓区发掘出14座古墓。然而，这只是整个古墓群中的一小部分。1986年，新疆大学历史系文博干部专修班，对这里进行了再次发掘，这次一共发掘出了76座古墓。这数量巨大的古墓，给考古学家和历史学家带来了意外的惊喜。他们对随葬的物品进行了深入的研究和分析，最终，将这座墓群分为了早、中、晚三个时期。早期墓葬，大约相当于西周早期到中期，甚至更早，可能到商朝晚期，这一时期墓葬中的人，主要是蒙古人种，欧罗巴人种只占少数；中期墓葬，相当于西周晚期和春秋晚期，这一时期墓葬中的人，欧罗巴人种逐渐增多；晚期墓葬，可能相当于春秋中晚期，这一时期墓葬中的人，欧罗巴人种增加得更多。这一发现，告诉我们，随着时间的推移，民族之间，也在不断地融合。

关于墓葬的形式，在这一墓群中，主要有三种，第一种是多人合葬，也就是许多人合葬在同一个墓中，尸体向右侧屈肢，头朝东南。这种合葬墓，一般是规模较大的竖穴二层台墓。第二种是单人葬，尸

体向左屈肢，头的朝向没有定向。这种一般葬在较为简陋的竖穴墓中。第三种，葬式与第二种基本相同，葬在地面上的土坯墓之中，并且墓有大小之分。这三种墓葬的形式不同，随葬品也不同，第一种墓葬的随葬品比较多，主要有陶钵、豆、腹耳壶和单耳杯，此时的随葬品彩陶数量较多，还有木盘、木桶和小件的铜器、铁器等；第二种墓葬的随葬品比较少，主要是单耳小杯、单耳罐和双耳罐，彩陶的数量减少，另外还有一些木盘、木桶和小件铜器。第三种墓葬的随葬品也很少，主要也是陶器、木盘、木桶和小件铜器。

这些出土的文物，就是在向我们讲述，墓中的主人，他们当时是如何生活的，那些随葬的物品，都是当时人们的生活用品，看似简陋，却蕴含了古人非凡的智慧。早在几千年前，人们就已经懂得制造一些简单的生活用具了，如今我们所用的生活用具和厨具，大概就是古人们智慧的延续吧。

流浪民族的沉睡家园——乌孙土墩墓

在中国古代的西北地区，生活着一个古老的游牧民族，他们逐水草而居，靠放牧和狩猎为生，这个民族被称为乌孙，也被称之为流浪的民族。从公元前 2 世纪到公元 5 世纪，乌孙人一直生活在博尔塔拉游牧地区，因此在博州境内遗有大量的古代乌孙人的墓地，被人们称为乌孙土墩墓。

讲到乌孙土墩墓的来历，首先我们要从乌孙古国讲起。西汉初年，乌孙人在河西走廊的敦煌、祁连山一代，过着游牧生活。随着民族的不断壮大，乌孙人的势力逐渐强大起来。最初，乌孙国只是一个小国，经常受月氏国的奴役。公元前 161 年，乌孙人在匈奴人的帮助下，赶走了大月氏，占据了伊犁河流域，并在此定居下来。乌孙人，在这片水草丰美的土地上，延续了接近 7 个世纪。曾一度与汉朝交好，还曾

美丽的新疆博尔塔拉蒙古自治州——乌孙土墩墓所在地

与汉朝联姻,历史上赫赫有名的解忧公主就是当时汉朝派去与乌孙联姻的。在汉朝的支持与帮助下,乌孙国曾发展成为西域诸国中非常强盛的一个王国,但后来,因为内部分裂,一分为二,分疆而治。此后,又因两国战事迭起,变乱丛生,从而削弱了乌孙人的势力,给其他民族造就了可乘之机。最终,在公元5世纪初,乌孙国被蠕蠕入侵,被迫西迁至葱岭山林之中,不久被蠕蠕所灭。至此,乌孙国从历史上消失了。曾经乌孙国的子民,死后就埋藏在这片他们深爱的土地上。上千年过去了,这里为乌孙古国留下了最为真实详尽的记录。

关于那位将乌孙国发展壮大的国王,当地流传着一个非常有趣的故事。

记载中,最早的乌孙国王叫难兜靡。公元前177年,乌孙国被月氏打败,难兜靡被杀。弱小的乌孙国面临着覆灭之灾。

难兜靡的儿子当时还只是个婴儿,叫猎骄靡,在战乱中,被他的仆人布就翎侯抱着救了出来,躲过了一劫。在逃亡途中,布就翎侯将猎骄靡放在草丛中,去寻找吃的,回来的时候,竟然发现一只母狼正

乌孙人曾生活过的伊犁河流域美景

在喂猎骄靡吃奶,旁边还站着一只嘴里叼着肉的乌鸦。布就翎侯大为惊讶,认为猎骄靡长大后,必定是个非凡的人物。于是,他带着猎骄靡投靠了匈奴。匈奴的冒顿单于听说了这个故事后,也感到十分惊奇,于是决定收养这个孩子。

十几年过去了,猎骄靡逐渐长大成人。他果然是一个与众不同的男子,他非常有智谋,并且也非常勇敢,是个能够担当大任的人。匈奴单于见他已经长大,能够独担大任,就将乌孙部民交还给他,并扶持他当上了乌孙国王。猎骄靡登上王位后,第一件事就是要为父报仇。于是他联合了匈奴人,一起攻打西迁至伊犁河和楚河附近的月氏国。结果,乌孙国大获全胜,月氏国王被杀,月氏国王的头盖骨被做成了酒杯。乌孙人占领了伊犁河和楚河地区,逃走的月氏人被迫继续西迁。留下来没有逃走的月氏人,变成了乌孙国的臣属。消灭了月氏后,乌孙国在猎骄靡的领导下,迅速强大起来,甚至发展成了西域诸国中数一数二的强国。

虽然，那个曾经强盛辉煌的乌孙国已经消失了，但是它的子民却仍然沉睡在乌孙土墩墓中。接下来，让我们仔细地探究一下这著名的乌孙土墩墓吧。乌孙土墩墓的土墩通常有七八米高，大土墩底部的周长可达200—300米。每个墓群都有两三个甚至几十个墓不等。墓葬的布局也多种多样，有的是南北走向，有的呈链状单行或多行排列，有的呈近似于马蹄形排列，还有的呈品字形和散状不规则形式排列。无论是哪种排列形式，都是以奇数为群。据调查，乌孙土墩墓一共有11处，全部在新疆博尔塔拉蒙古自治州境内。其中，在温泉县有2处，在博乐市有4处，在精河县有5处。这三处墓群一共有150座坟丘。乌孙土墩墓在数量和大小方面，没有一定的规律。各处墓葬数量的多少差别很大，少的只有几座，多的有几十座。大小差异也很大，最大的墓底土墩有近百米长，高约十几米。最小的底径只有两三米，高度却不到一米。唯一有相似之处的是，几乎所有墓鼎都有坍塌的凹坑，这是由于岁月的流逝、风沙的侵袭导致的。在乌孙土墩墓中，藏有许多殉葬品，比如有奴隶、牲畜、铁器、丝织物，甚至还有金戒指、金耳环等饰品。看来，从古至今，任何一个民族都是爱美的，即便是死人，也不忘带上一点饰品。

关于这个流浪的民族，还有许多说不完的故事。如果你还想了解更多，那么就请你背上背包，踏上这片土地，亲自去聆听吧！

庞大的地下博物馆——阿斯塔那古墓群

如果去高昌古城参观，那么还有一个景点，千万不要错过。那就是素有"地下博物馆"之称的阿斯塔那古墓群。阿斯塔那古墓群，位于吐鲁番市东南40公里的火焰山乡，在高昌古城的北部。说到这里，你或许会猜想，这个古墓群一定与高昌古城有联系吧？是的，你猜对

阿斯塔那古墓群外景

了。阿斯塔那古墓群，就是古代高昌王国城乡官民的公共墓地。

阿斯塔那古墓群，就散布在通向火焰山的公路边的戈壁上。茫茫戈壁，古冢累累，再加上新疆那蔚蓝高远的天空，顿时让人产生一种肃穆凄凉的感觉。整个墓群从古城的东北一直延伸到古城的西北，长达五公里的古墓群，不禁让人感慨：人生是如此短暂，人是如此渺小！

慨叹之余，我们兴致勃勃地了解起关于这里的一切。据导游说，这片古墓大约形成于公元2世纪到公元9世纪（大概是古代中国西晋初年到唐代中叶这段时期），墓中埋藏的是高昌古国的居民。至于为什么起名叫"阿斯塔那"，那是因为，在维吾尔语中，"阿斯塔那"是"首府""都城"的意思，而这个墓群恰巧在高昌古国的都城"高昌古城"旁边，所以就将他命名为"阿斯塔那"。整个墓群中，共有500多座墓葬，墓葬中的人，既有贵族官员，也有平民百姓。不论官职大小，也不论富贵贫穷，一律按照家族种姓区分埋葬，以砾石为界。葬在这里的大多数是汉人，也有一小部分是车师、突厥、匈奴等少数民族的居民。据说，高昌王国著名的将领张雄和他的夫人，以及他的儿子张怀寂也葬在这里。不仅如此，关于张雄的尸体，还有一个难解之谜。

据说，1973年，对阿斯塔那古墓群进行发掘时，考古工作者第一次发现张雄古尸。当他们发现尸体时，他的头颅和尸身是分离开来的，看样子，尸体好像是被打断的。根据历史记载，张雄曾是高昌王国的贵族，文武双全，是高昌国不可多得的人才。生前曾平定高昌叛乱，因此先后被封为威远将军、左卫大将军。贞观初年，唐朝为了维护丝绸之路的畅通，决定统一西域。此时，处于西域的高昌国，就面临着归顺唐朝还是与唐朝抗争的两难抉择。当时唐朝的国力是十分强盛的，攻打高昌国简直是易如反掌，但是高昌国远在西域，并不想归顺唐朝。因此，在高昌国内部，就产生了两种意见。张雄力主归顺大

瑞雪中的阿斯塔那古墓

唐，但高昌王却执意与唐朝对抗。高昌国不幸被唐朝打败，最终亡国。据史料记载，张雄是因忧愤成疾，而在年仅50岁时染病不治而亡的。可是，当考古学家第一次见到他的尸体时，确实是尸首异处的。这到底该如何解释呢？这仅仅是一种盗墓行为呢？还是一种复仇行为呢？对此，人们无法得知。即便是经验丰富的考古学家，也解释不通。没有直接的证据，谁也无法判断出这里曾经发生过什么，为何要对一代西域名将的尸体，做出如此残忍的行为。

在阿斯塔那古墓群中，墓葬的数量巨大，而且在墓中葬有大量的文物。例如文书、墓志、绘画、泥塑木雕俑、陶木器皿、金、石等器物以及古代钱币和丝、毛棉麻织物等，这些珍贵文物多达上万件。其中，历次出土的文书拼合整理后可读的约2000件，内容涉及政治、经济、军事、文化和社会生活的各个方面，已结集汇编成册。出土的丝、毛、棉、麻织物色泽鲜艳、图案新颖，表明新疆在晋唐时期已经有了本地的丝绸纺织业，为研究中国及新疆地区古代纺织发展史提供了珍贵的标本。墓中数以百计的保存完好的千年古尸可以与埃及木乃伊相媲美，

阿斯塔那古墓出土的伏羲女娲绢像

阿斯塔那古墓出土的唐代绢画——仕女弈棋图

是研究历史上新疆民族的种族、民族特征及其融合过程的珍贵的人体标本。这些数量巨大，内容丰富的文物，就如同一个巨大的博物馆一样，人们从这里对高昌古国进行了更深一层的了解。因此，这里被誉为"地下博物馆"。

阿斯塔那古墓群是历史赠予后人的一个巨大的"地下博物馆"。这里有大量精美珍贵的陪葬品，还有许多保存完好的干尸，俨然一个地下的人间。从这里，我们能够看到古代高昌国的繁荣与昌盛，同时，从古墓中出土的文书，我们也能够更加全面的了解到这个古老民族的生活方式、政治制度和经济发展等。这个庞大的古墓群，几乎将那个逝去的古老王国，再一次展现在了我们面前。

伊斯兰教的圣地——盖斯墓

在美丽的哈密市西郊，有一座闻名遐迩的独特墓葬建筑，叫盖斯墓，也被称作"圣人墓""绿拱拜"。它是哈密市伊斯兰文化的一个象征，原来位于具有新疆东大门之称的星星峡镇，后因墓葬被毁坏，于1945年被哈密伊斯兰教徒迁葬于此。

盖斯墓，是伊斯兰教徒心中的圣地，因为这里安葬着圣人盖斯。许多不能去麦加朝圣的伊斯兰教徒，纷纷来到这里朝拜。盖斯墓就在哈密市西南的恰瓦克高地上。沿着台阶拾级而上，远远地就能看见一大片葱郁的绿荫，在绿荫环绕之中，突兀地拔起一座土木结构的建筑，这个庄严肃穆的建筑，就是著名的盖斯墓。走到近前，整个盖斯墓才完整地映入眼帘。盖斯墓为伊斯兰式建筑，15米高，下部是方形的基座，上部是穹隆式的圆顶，顶部镶砌着翠绿的琉璃瓦，在阳光的照射下熠熠生辉。拱拜的四周设有飞翘的廊檐，呈现出优美的线条。檐下支撑着24根圆木柱，四面回廊用窗栅式木板围成。简洁精致的建筑风格，使得这片绿荫下的墓葬更加肃穆庄严。墓地的四周筑起围墙，墙内栽

盖斯墓远景

种着各色花草,将这里点缀得格外典雅,格外幽静。

从南开的墓门走进去,正前方是一间长方形的房屋,铺着地毯。这里就是穆斯林礼拜祈祷的地方。前来礼拜的伊斯兰教徒都先要在这里诵经祈祷、净化心灵之后,再怀着无比崇敬的心情参拜盖斯的遗骨。从礼拜祈祷房中的一扇门,可以直接进入墓室。墓室的正中央,是安放着盖斯遗骨的阿拉伯式坟墓。墓上叠盖着一层层的绸料、布匹、毛毯等,这些都是从各地前来朝拜的信徒们所敬献的。墓室的墙壁上,挂满了朝拜者敬献的锦幛。由此可见,伊斯兰教徒们,对盖斯是多么的敬仰。

参观完了整个盖斯墓,或许有些人还不知道盖斯到底是什么人,为什么会受到穆斯林如此的敬仰?那么接下来,就让我们讲一讲关于盖斯的故事吧。

公元10世纪,伊斯兰教开始向东方传播。一方面,越过葱岭,传入中国新疆。另一方面,漂洋过海,通过水路传入中国内地。盖斯的故事,就要从最初的传教开始讲起。

相传,唐代贞观年间,应唐太宗李世民的邀请,伊斯兰教先知穆罕默德派弟子盖斯、吾外斯、万嘎斯三人东渡,来中国传教。他们漂洋过海,从中国广州上岸。不幸,上岸不久,万嘎斯就病逝了。当地人为了纪念万嘎斯,为他建造了坟墓和清真寺。而盖斯和吾外斯则身负重任,继续前行,他们走了很长时间,终于到达了长安城,受到了唐太宗的隆重欢迎。从此,他们就留在长安,传播伊斯兰教义。数年之后,盖斯和吾外斯完成了他们的任务,该回国复命了。但是他们不愿原路返回,想继续西行,沿着丝绸之路传播伊斯兰教义,从陆路回国。于是,他们出发了,两个人结伴一路西行。不料,在走到河西走廊的时候,吾外斯突然染上了疾病,结果不治身亡,安葬在当地,后来人们将他安葬的地方称之为回回堡。

盖斯墓中保存完好的一景

伊斯兰气氛浓郁的盖斯墓

结伴前来的三个人，只剩下盖斯一个人了，他只身继续向西传教。当他走到新疆星星峡时，不幸也感染了重病，最终在当地因病而逝。盖斯死后，尸体被草草掩埋在星星峡的山麓之中，坟墓用石块简单垒砌而成。千年之后，哈密回王派人在星星峡为其修建了一座拱拜。当地的穆斯林或途经这里的伊斯兰教徒，都要到这里朝拜。

1939年，哈密回王为盖斯修建的拱拜遭到了损毁。幸运的是，盖斯的遗骨被完好地保存了下来，暂时移葬在山谷之中。相传，经历了一千多年的盖斯的遗骸，有六尺多长，胸部的肋骨之间皮肉相连，颏下的胡须仍然存在。

哈密的穆斯林为了使他们敬仰的"圣人"盖斯终有安身之所，联合各界人士组织募捐，招纳工匠，于1945年，终于在哈密西郊建成了一座新墓，并将盖斯的遗骨安葬在这里。这就是如今我们所见到的盖斯墓。据说，当时的迁葬仪式，非常隆重盛大，整个哈密市万人空巷，许多外地的穆斯林也蜂拥而至。灵床所到之处，都摆满了香案。可见，这位圣人，在穆斯林的心中占有何等重要的地位。

盖斯墓，不仅仅是一座安葬古人的墓地，它更是伊斯兰教徒心中的圣地。来到这里的穆斯林，礼拜祈祷，朝拜圣人，是他们人生中极其重要极其庄严的一件大事。新疆的盖斯墓，对于中国的许多穆斯林来说，就是东方的麦加。即便是不信仰伊斯兰教的人，也会到这里看一看。人们怀念这位传教的先贤，同时，也为他历经万苦执着传教的精神所折服。

新疆最早的麻扎——布格拉汗麻扎

麻扎，在阿拉伯语中是"参拜之处"的意思，一般是指圣徒的墓地。麻扎在穆斯林心中，是十分庄严和神圣的地方。他们认为，麻扎具有神圣的地位和超凡的力量，因此，每个穆斯林都应当对它朝拜，祈祷埋葬于麻扎中的圣徒的灵魂帮助自己获得今生和来世的幸福。穆斯林认为，只要对麻扎进行了朝拜，就能够获得精神上的解脱，并且能够万事如意。在具有众多伊斯兰教信徒的新疆，也有许多著名的麻扎，苏里唐·萨图克·布格拉汗麻扎就是其中的一个。

苏里唐·萨图克·布格拉汗麻扎，在当地也被简称为"苏勒坦麻扎"或"素丹麻扎"，是新疆喀喇汗王朝第一位信奉伊斯兰教的可汗萨图克·布格拉的陵墓，位于素有"无花果之乡"之称的阿图什市逊塔克乡。

提到萨图克·布格拉汗，必须要先讲讲喀喇汗王朝。唐朝末年，漠北的回鹘西迁时，一支在庞特勒率领下的队伍，征服了楚河地区的葛逻禄部，后来，回鹘人在那里建立起了喀喇汗王朝，也称"黑汗王朝"。传说，喀喇汗王朝的开国者，就是萨图克·布格拉汗之祖阙毗伽·卡迪尔汗。喀喇汗王国建立之初，与突厥汗国一样，也是个松散的多民族部落联合。最初,王国采取了草原帝国双汗制传统,以长幼子分东西两支:东支由大汗直接统治,首府设在巴拉沙衮(今吉尔吉斯斯坦共和国托克马克东);西边就由萨图克·布格拉汗统治,将首府设在怛逻斯(今哈萨克斯坦共和国江布尔)。后来,萨图克·布格拉汗的儿子穆萨·阿卜杜勒·凯里姆继承了汗位后,先消灭了东支,继而又统一并扩大了喀喇汗王朝的疆域。王朝逐步扩大和稳固后,将王朝的中心逐渐转移到了喀什噶尔。然而,多民族的王朝,依旧是不稳固的,王朝后期,分裂为两个部分,长期征战,最终在13世纪初,被西辽所灭。喀喇汗王朝在历史上存在的时间并不长,但是对于穆斯林来说,这个王朝在历史上所产生的影响却是巨大的。这主要是因为,国王萨图克·布格拉汗是一位虔诚的穆斯林的缘故。

萨图克·布格拉汗麻扎

传说萨图克·布格拉自幼受萨曼王朝穆斯林的影响，早年时就归信了伊斯兰教，成为一名虔诚的信徒。不仅如此，他还影响他的下属信教，拥有同样宗教信仰的部众越来越多，他的势力也就变得越来越强。后来，他通过武力，从信仰佛教的叔父手中夺取了政权，并按照阿拉伯国家的模式，建立了伊斯兰教法统治，设立了宗教法庭。由于他对伊斯兰教的推崇，他所统治的地域内，穆斯林迅速壮大起

坐落在阿图什的喀喇汗王朝苏里唐麻扎一景

来。公元955年，萨图克·布格拉逝世，他的儿子继承了汗位，并继续推广伊斯兰教，最终实现了汗国的伊斯兰化。

　　萨图克·布格拉死后，后人建筑了这座苏里唐·萨图克·布格拉汗麻扎，使他成为新疆最早的麻扎。关于这座麻扎，有着非常曲折的历史。据传，最初建造的拱拜，在岁月的侵蚀下坍塌了。坍塌后，人们曾重新修建了一座高大的9顶拱拜，但在叶尔羌汗国时期，又被洪水摧毁了。这次，人们只重建了一座小拱拜，以安葬萨图克·布格拉的遗骸。然而，这座小拱拜，太小了，无法表达穆斯林对萨图兑·布格拉的敬仰之情。于是，在1872年的时候，穆斯林对此进行了大规模的增建和扩建。然而，不幸的是，1944年，该麻扎再一次被洪水冲毁。直到1956年，才由政府出资按照原型重新修建好。

如今我们所见到的苏里唐·萨图克·布格拉汗麻扎,是典型的维吾尔建筑风格,门楼拱拜都采用传统的建筑造型,古朴典雅,而又独具特色。尤其门楼两侧的塔柱,高耸入云,让人印象深刻。在礼拜大殿内,有 57 根精美的雕花木柱,色彩十分艳丽。整个建筑,浑然一体,庄严肃穆。

这座麻扎,在历史上经历了许多的坎坷,一次又一次被毁,一次又一次重建,无需过多的语言,我们已经明了它在穆斯林心中的地位。那络绎不绝的朝拜者,更加证实了我们的猜测。如果,你是位虔诚的伊斯兰信徒,那可千万不要错过来这里晋谒的机会。

伊斯兰的堡垒—— 秃黑鲁·帖木儿汗麻扎

在新疆伊犁地区霍城县东北 38 公里的地方,有一座历史悠久但却保存完好的陵墓,这就是 秃黑鲁·帖木儿汗麻扎。它是新疆地区信奉伊斯兰教的蒙古可汗 秃黑鲁·帖木儿的陵墓,距今已有六百多年的历史了。据说,它是元代新疆唯一留存的伊斯兰教古建筑。

提到墓主人,可能有许多人都不知道,但提起他的祖先,那可就无人不知无人不晓了,他的祖先就是历史上赫赫有名的成吉思汗。秃黑鲁·帖木儿是成吉思汗的第七世孙,也是东察合台汗国的国君。在新疆这片土地上,诞生过无数个国王,其中也有许多建立了丰功伟绩,而为何偏偏 秃黑鲁·帖木儿备受伊斯兰教徒的崇敬?而又为何他的陵墓受到许多穆斯林的朝拜呢?这是因为,他是中国新疆最早归信伊斯兰教的蒙古可汗,并且他对伊斯兰教在新疆的传播做出了巨大贡献。

在 14 世纪之前,新疆地区还没有蒙古人接受伊斯兰教,但是不久,这种情况就发生了变化。蒙古人统一西域后,由于民族和宗教信仰的不同,蒙古人统治下的察合台汗国长期动乱不安,直到 14 世纪

秃黑鲁·帖木儿汗麻扎所在地——新疆伊犁地区霍城县美丽风光

初,正式分裂为东、西两个汗国。其中东察合台汗国的辖地主要在新疆。1347年,控制新疆南部的杜格拉特部首领埃米尔播鲁只扶持秃黑鲁·帖木儿登上了汗位,定都于阿力麻里。秃黑鲁·帖木儿成为了东察合台汗国的第一任可汗。在秃黑鲁·帖木儿正式上位之前,播鲁只把他放在阿克苏进行监护。

有一次,秃黑鲁·帖木儿在阿克苏打猎时,偶然间遇到了被流放新疆的伊斯兰教传教士谢赫贾拉里丁与额什丁和卓父子。在他们的说教下,秃黑鲁·帖木儿表示愿意归信伊斯兰教,并接受了他们的秘密传教。由于当时的蒙古人是不信仰伊斯兰教的,所以秃黑鲁·帖木儿的这个决定具有很大风险。一旦被人知道他信奉伊斯兰教,那么他可能就无法顺利登上汗位了。因此,他要求必须在他登上汗位,并掌握了最高权力以后,才能正式公开信仰和举行入教仪式。

几年过去了,秃黑鲁·帖木儿顺利地登上了汗位,并且逐步巩固了自己的地位。此时,谢赫贾拉里丁已经在阿克苏去世了。但是他的

儿子额什丁和卓依然记得当初的约定。于是,他前往阿力麻里,见到了 秃黑鲁·帖木儿。经过他的劝说,秃黑鲁·帖木儿按照当初的约定,正式宣布信仰伊斯兰教,并剪掉长发,施行割礼,并起了一个经名叫艾布·伯克尔·穆罕默德。那一年, 秃黑鲁·帖木儿年仅24岁。他自己宣布信仰伊斯兰教后,又说服其他王公、大臣归信伊斯兰教,并下令,所有的臣民必须更改宗教信仰。此令一下,大约有16万蒙古人集体宣誓,改宗教信仰为伊斯兰教。这就是新疆察合台蒙古人信奉伊斯兰教的伊始。由于蒙古人开始信奉伊斯兰教,所以他们与维吾尔民族进一步融合了。接下来的若干年, 秃黑鲁·帖木儿大力支持额什丁和卓在库车进行传教活动,并以可汗的名义号召人民信仰伊斯兰教。他的后代继任后也都极力传播伊斯兰教,最终确立了伊斯兰教在新疆的统治地位。

　　1362年, 秃黑鲁·帖木儿逝世了,他的后人就在阿力麻里城附

秃黑鲁·帖木儿汗麻扎

庄严肃穆的佳城——古墓园林

秃黑鲁·帖木儿汗麻扎内一景

近建了一个麻扎，来安葬他的遗骸。据专家分析，我们现在见到的这座麻扎大约修建于1365年，也就是秃黑鲁·帖木儿死后三年修建完成的。如今，整个麻扎的建筑体依然完好，方形的基座，穹窿式的圆顶，都完好无损。麻扎正面墙壁，用蓝色、白色和紫色的琉璃砖镶砌成精美的图案，室内有暗梯，可以直接登临墓顶。在拱门的两侧，写着许多赞美的阿拉伯铭文。其中一句是"伊斯兰教的堡垒"，对于伊斯兰教徒来说，这是多么至高无上的夸赞与荣耀啊。

除了这句铭文外，拱门上还写有"善良人的光荣和骄傲""紧跟四大哈里发""尊重学者"等语句，不难看出，所有的铭文，都是称赞的语句。

说到这里，你应该已经明白秃黑鲁·帖木儿为何备受敬爱了吧。是他开辟了新疆地区蒙古人信奉伊斯兰教的先河，也是他使得伊斯兰教更为广泛地在各民族中传播开来。所以，所有的伊斯兰教信徒，都是十分崇拜并敬仰秃黑鲁·帖木儿的。也正是因为如此，穆斯林才在秃黑鲁·帖木儿麻扎的铭文上，写上"伊斯兰的堡垒"的盛赞铭文。

天才音乐家的栖息地——阿曼尼沙汗纪念陵

在美丽的提孜那甫河畔，有一座叫库木什买里的小村庄。生活在小村庄里的人，世世代代，周而复始地过着半耕半牧的生活。冬天的时候，村民们穿梭在生长着茂密的芦苇和丛生的灌木的提孜那甫河畔打柴，打够自家取暖所用的，如果还有富余，就会带到巴扎上卖掉。这里，原本与其他数以千计的普通小村庄一样，并不知名，但自从这里出了一个阿曼尼沙汗之后，这里的一切都变得富有传奇色彩，而且这个小小的村庄也被载入了史册。

1534年，在这座小村庄里，诞生了一个女婴，他的家人为她取名叫阿曼尼沙。在阿曼尼沙幼年的时候，她的母亲就去世了，她与父亲阿合木提相依为命。阿合木提是一位民间艺人，靠卖柴草为生。阿曼尼沙从小就跟随父亲学艺，尤其擅长弹奏弹拨尔琴。不仅如此，

天才阿曼尼沙雕像

极具艺术天赋的她，还能自作词曲，即兴赋诗，这对别人家的孩子来说，是无法企及的。阿曼尼沙和父亲在这里平平淡淡地生活了12年，在她快要13岁的时候，发生了一件奇妙的事，从此改变了她的命运。

阿曼尼沙所在的国家，是新疆南部的叶尔羌汗国。当时叶尔羌汗国疆土辽阔，国势强大，百姓安居乐业，这主要应归功于他们英勇而又伟大的阿不都热西提国王。年轻的阿不都热西提是一个精力充沛，且爱护子民的贤明君王，常常化装成普通百姓，来到民间，了解民情。

公元1546年秋末，阿不都热西提带着一队随从，前往盖提尕孜库勒地区围猎。一天傍晚，他像往常一样，乔装成农民，只身一人来到一户农家，以借宿为由，了解官员是否有欺压百姓的情况。这天，他敲开的门，正是阿合木提的家。善良的阿合木提赶快将这位年轻的小伙子请进屋子里，热情地与他交谈起来。闲谈中，阿不都热西提无意间瞥见了屋内有一柄弹拨尔琴，于是请求主人弹奏乐曲。阿合木提说，那是女儿最擅长的乐器，于是，便让女儿阿曼尼沙为客人弹奏一曲。活泼大方的阿曼尼沙，拿起弹拨尔琴，在悠扬的潘吉尕木卡姆乐曲的伴奏下，愉快地唱道：

我们的主啊，万分感谢你，
你把一个公正的人封为一国之王，
阿不都热西提汗为穷人遮住了灼体的炎阳。
乃斐斯啊，要对神圣的胡大发誓：
如若不为公正的国王祷告，
就要受到无情的惩罚。

阿不都热西提听罢，十分惊奇，一方面为眼前这位女孩精湛的表演惊叹，一方面又感到奇怪，他从未听过这样的歌词，这歌是谁写的？歌中的乃斐斯又是谁？好奇的他不禁向阿曼尼沙连连发问。俏皮的阿

人们在莎车县城公园为阿曼尼沙汗塑了一座雕像，来纪念这位天才音乐家。

曼尼沙回答说，难道我只配背诵别人写的歌吗？乃斐斯就站在你的面前。阿不都热西提对此表示怀疑，他不相信这样一个年轻的女孩，能写出这样的歌词。于是阿曼尼沙又让他见识了她写的其他的诗词，这他才相信。

此时，阿曼尼沙并不知道，眼前的这位农民模样的年轻人，正是她歌词中所赞美的国王。而阿不都热西提却已经被聪明美丽的阿曼尼沙深深吸引了。

惊喜万分的阿不都热西提匆忙回到驻地，换上了他原来的装束，带着随从，再一次回到阿合木提家门前，他说明了自己的真实身份，并向父女二人道了歉。然后，他真诚地请求阿合木提将女儿嫁给他作为妻子。

不久，13岁的阿曼尼沙就被迎娶到了叶尔羌汗国的王宫，成为了阿不都热西提心爱的王妃。曾经那个提孜那甫河畔打柴人家的女儿，人生从此发生了巨大的变化。听起来，这好像童话中灰姑娘的故事，然而这个故事却是真真切切的在历史上发生过。童话故事里，讲到这，往往会有一句"王子和王妃永远幸福地生活在一起"，然后，就结束了。然而，我们的这个故事讲到这里，才只是个开端。

在音乐方面才华横溢的阿曼尼沙，自从走进皇宫，才真正开始她的音乐创作之路。阿曼尼沙和阿不都热西提汗都十分热爱音乐，因此叶尔羌汗国的王宫，自从阿曼尼沙来到后，就变成了音乐、诗歌和艺术的殿堂。阿不都热西提汗，将全国各地的乐师、诗人和歌手召集入宫，在阿曼尼沙和首席乐师喀迪尔汗的带领下，收集、整理流传于民间的木卡姆乐曲。在他们的共同努力下，最终创作了著名的十二木卡姆。

十二木卡姆将疏勒乐、高昌乐、龟兹乐等西域著名的乐曲融合到一起，并形成了歌、舞、乐三位一体的艺术形式。十二木卡姆创作成功后，沿着丝绸之路，立刻传遍了整个西域和中亚、西亚。叶尔羌汗国也因十二木卡姆而名声大噪，并因此在史册上留下了辉煌的一笔。

阿曼尼沙和阿不都热西提汗并没有像童话故事里那样，一直幸福

阿曼尼沙陵墓外景

地生活到老。他们只在一起幸福地生活了 20 年。1567 年,阿曼尼沙因难产而去世。这位才华横溢的音乐家,去世时年仅 34 岁。

阿曼尼沙去世后,阿不都热西提汗万分悲伤,将爱妻安葬在叶尔羌汗国的皇家陵园。阿不都热西提汗深爱着他的王妃,最后在她的墓地因过度悲痛而逝世。最后,人们还发现了一首他写给阿曼尼沙的悼亡诗,不过这首诗看起来更像是一首炽热的情诗。这首诗是这样的:

> 晨风啊,带去我心中的秘密吧,
> 请向我的爱人送达我的问候。
> 清晨或黄昏你挨近她的身边,
> 请转述我对她朝夕不断的思念。

阿曼尼沙陵墓近景

由此可见,阿不都热西提汗对阿曼尼沙是多么的情深意浓。虽然,他们的结局有些凄美,但是我们仍被他们浪漫而又传奇的爱情故事深深打动。这对彼此深爱的恋人之间的故事,最终在阿曼尼沙的墓地,画上了句号。

阿曼尼沙的墓地,现如今被称为阿曼尼沙纪念陵,是典型的伊斯兰风格的建筑,位于喀什莎车县汉、回城之间，占地 1050 平方米。陵墓修建在一座高 2 米，宽 10 米，长 10 米的正方形基座上，陵墓高达 22 米，陵顶呈园塔形状。在宫殿的墙壁上，还镶有《十二木卡姆》的曲名，代表着阿曼尼沙一生最为辉煌的成就。整个纪念陵构思巧妙，而且保存完好，其建筑、雕饰、图案都历历如新。看到这些，不禁又让人回味起阿曼尼沙那浪漫而又传奇的故事。

神话般的圣地——香妃墓

到新疆喀什去，一定要游览的圣地，便是风景秀丽而又庄严古朴的香妃墓。它坐落在喀什市东郊 5 公里处的浩罕村，始建于 1640 年前后，距今已有近 400 年的历史。

香妃墓并不是一座专门为香妃修建的大陵墓，这是阿帕克家族墓地，里面埋葬着这个家族中的五代共 72 个人。阿帕克家族曾一度非常显赫，传说中的香妃是阿帕克霍加的曾侄孙女，而阿帕克霍加是著名的伊斯兰教白山派首领，他的父亲是著名的传教士玉素甫。所以最开始的时候，香妃墓是叫"玉素甫霍加墓"的。"霍加"是"圣裔"的意思，也就是圣人的后裔。

1693 年，玉素甫去世后，他的长子阿帕克为他修建了一座陵墓，也就是香妃墓的最初原型。后来，阿帕克去世后，也埋葬在这座陵墓中，于是人们又称其为"阿帕克霍加墓"。不过，无论是"玉素甫霍加墓"还是"阿帕克霍加墓"，都没有更加广泛地流传开来，它真正被世人传颂的名字还是"香妃墓"。如今，香妃墓已经成了整个墓葬的代表性称呼。

香妃墓是一座典型的伊斯兰式古老陵墓建筑，由门楼、小礼拜寺、大礼拜寺、教经堂和陵墓五部分组成，占地约 30 亩。正门前地势开阔平坦，四周古杨参天。门楼不大，却十分华丽。与门楼紧连的是小礼拜寺，供附近穆斯林平常做礼拜用。大礼拜寺在陵园西部，为二合

阿帕克霍加麻扎（香妃墓）

院形式。每到盛大节庆日，会有很多穆斯林聚集在这里，举行大规模的礼拜仪式。陵园正北是一处穹顶教经堂，是阿帕克霍加和他的父亲讲经习典的地方。

教经堂内的墙壁都是拱形构造，其上被切分成32面拱，再往上就被分为16圆拱。圆拱层层相叠，由少至多，由大至小。远远望去，犹如优美的墙龛群，与石窟群雕的风格非常相似。这种奇特的构造，在所有伊斯兰风格的建筑中，是非常罕见的。

陵墓在整个陵园的东部，造型宏伟壮观，设计极其精致，是整个建筑群中艺术价值最高、最珍贵的一座陵墓，也是新疆最为宏大精美的陵墓。陵墓近似长方体，底面横长约35米，纵深29米，通高26米，四角各有一圆柱半嵌在墙内。这些圆柱非常巨大，底部的直径约有3米多，越往上直径越小，在最顶上各有一座精雕细刻的圆筒形小召唤楼，楼顶竖着一弯新月。陵墓屋顶中央有一个直径为17米的半圆形大穹窿拱顶，穹窿顶上有一座筒形小楼和一弯月牙。陵墓四壁基本是葱绿色的琉璃砖贴面，间以黄蓝二色瓷砖镶嵌。砖面上大都绘有各种彩色图案和花纹，有的还写着一些波斯文或阿拉伯文的伊斯兰宗教训诫。

  陵墓中的主角，在高大宽敞的陵墓厅堂里。这里，有一个半人高的平台，上面依次排列着阿帕克霍加家族的58座石棺。在石棺的外面，是一层晶莹素洁的玻璃砖，外面还有漂亮的花布。在石棺群的左后角，就是香妃的石棺。

  香妃的石棺和整座陵墓至今保存完好。这与政府的保护和陵墓的民间神化有着很大关系。清乾隆二十五年（1760年），乾隆皇帝下令保护和管理这座陵墓："可派人看守，禁止樵采污秽。"1874年，香妃墓被扩建修缮，更加华丽庄严，一直是天山以南及中业穆斯林朝拜和纪念的重要圣地。

  在中国民间，香妃墓的盛名，多源自香妃本人。关于香妃的故事，民间传说有很多种。我们所熟知的一种传说是：香妃本名叫木热·艾孜姆，是一个非常漂亮的维吾尔族姑娘，因为身体有异香，所以从小被称为"伊帕尔罕"，也就是"香姑娘"。"香姑娘"长大后成了清朝皇帝的妃子，被封为"香妃"。后来，因为水土不服而病死在京城。为了让香妃落叶归根，于是，皇帝派了124个人抬着香妃的棺木，历时三年多回到新疆，将其安葬在阿帕克霍加墓中。直到今天，人们到香妃墓主墓室里，还能看到一顶据说是当年运送过香妃棺木的轿子。

  不过，这只是民间的传说。事实上，香妃在历史上确有其人，不过，她不是皇帝的"香妃"，而是容妃。

香妃墓内景

    她的名字确实叫木热·艾孜姆,是清政府平定"大小和卓之乱"有功的图尔迪的妹妹。乾隆皇帝为了奖赏图尔迪的军功,令他全家人搬到京城居住。就在这时,木热·艾孜姆跟着哥哥到了皇城北京。后来,她被选入宫,先是被封为"和贵人",后来又被封为"容妃",深得皇上宠爱。1788年,55岁的容妃病逝,被安葬在河北遵化县清东陵的容妃陵园中。为了显示朝廷对这位维吾尔族妃子及她的整个家族的尊重,在她的棺木外面,还有用金字书写的阿拉伯文的《古兰经》。

    这样说来,我们所说的"香妃",即容妃,是埋葬在清东陵的。那么,在新疆喀什的香妃墓中,埋葬的又是谁呢?其实,喀什的香妃墓,只是容妃的衣冠冢,是家乡的人民为了纪念她,而专门建造的。

    在喀什,甚至在整个新疆,香妃墓都不仅仅是一座陵墓这样简单,人们还把它看作是一个能寻求精神安慰的神圣之地。新疆的很多女子,或贫或富,或已婚或未嫁,在遇到麻烦,或者有什么心愿难了时,都会来到香妃墓前寻求精神安慰。有的人甚至风尘仆仆地从很遥远的地方赶来。他们会扶着陵墓的墙壁，诉说自己心中的苦闷，或祈求神主的帮助。直到自己感到心情有所缓解，才会慢慢离开。

显然，香妃墓已经超越了它作为一座陵墓本身的意义。它留给后人的，不止有动人的传说和美丽的爱情故事，还有一种抚慰精神的力量。

如今，香妃墓历经200多年历史沧桑，依然无比庄严而静穆，每年都有成千上万的中外游客来到这里，或观光或参拜，络绎不绝。人们带着新鲜与好奇之心来，怀着崇敬与慨叹之情回，把它和"香妃"的故事传往更加遥远的地方，传给更多的人听。

"黄金之地"——哈密回王墓

在新疆哈密市回城乡西，有一个被当地人称为"黄金之地"的地方，在维吾尔语中叫做"阿勒同勒克"。当然，人们称它为"黄金之地"，并不是因为此处的地下真的埋有黄金，那里埋的是历代哈密回王和他们的家人们——那是哈密的回王墓。

回王墓的修建要追溯到第一代回王额贝都拉时期，距今已经有近200年的历史了。

额贝都拉原本是哈密地区的一个维吾尔族贵族，康熙三十六年（1697年），额贝都拉因为在朝廷剿灭准噶尔的过程中做出过很大的贡献，被朝廷看重，封为一等扎萨克。后人称他为一世回王，职位世袭罔替。不过，额贝都拉在世时，其实只是哈密地区的维吾尔族人民的首领，并没有被朝廷封为王。到了他的曾孙玉素甫任第四代回王时，朝廷才封他为郡王，后来，第七世回王伯锡尔死后又被追封为亲王，地位逐渐升高。但无论如何，当地人喜欢将额贝都拉以及他之后的所有首领都称为回王。

在额贝都拉成为"回王"后的两百多年里，直到1930年最后一

回王墓远景

位回王沙木胡索特去世时,哈密的回王共传了九代。这九代回王去世后,就大多埋在这个哈密回王墓中。

现在的回王墓,是一处由多个陵墓和其他建筑组成的规模宏大的建筑群,占地20亩左右。在所有陵墓中,最显眼的是七世回王伯锡尔的墓穴。1813年,伯锡尔袭位,9年后晋封为郡王,1867年时死于一次农民起义。在他去世后的第二年,朝廷追封他为亲王。

有人说,伯锡尔的墓穴是他还在位时就修建好了,还说他为此花费了20年时间。也有人说,是朝廷在他去世后,赏下银子专门为他修建的墓穴。无论修建的人是谁,这座墓穴都让今天的我们看到了它庄严、壮丽的一面。

伯锡尔的墓穴有17.8米高,东西长20米,南北宽15米,是建筑群中最高大的建筑物,埋葬的是伯锡尔和他的大小福晋。下部是长方形,上部是巨大的穹隆顶。外部的墙,砌着蓝花祥云白底琉璃砖及绿花祥云白底琉璃砖构成的图案,非常艳丽。尖拱式的墓门朝向西方,还有台阶盘旋而上直达墓顶。外部通体蓝色和绿色的基调,看上去色调简洁而又鲜艳夺目,显得高峻挺拔,雄伟壮丽。内部的墙面通体粉白,并用蓝色祥云点缀其间。这个墓葬呈现出典型的伊斯兰风格,在新疆伊斯兰陵墓建筑中占有很重要的位置。

这附近还有一座墓穴,埋葬的是八世回王默哈莫特和他的王妃,以及其他王族成员,共40人。它与伯锡尔的墓穴组成了整个回王墓中最主要的"大拱拜"部分。所谓"拱拜",是阿拉伯文音译,意思是"圆顶亭状建筑"。

除了"大拱拜"部分外,相应的还有一处"小拱拜",在大拱拜

庄严、壮丽的回王墓内一景

回王墓中最主要的建筑"大礼拜"

的南侧。小拱拜原本有五座东西排列的亭式木结构的墓穴,现在保存完整的只剩下了两座,那是九世回王沙木胡索特和一位台吉的墓穴。小拱拜部分的建筑既有伊斯兰风格的穹庐顶,也有中原风格的八角楼尖顶,还有蒙古风格的盔顶,融汇了多地区文化,这是它最具特色的地方。其中,沙木胡索特的墓穴是他生前就建造好的,里面埋葬着沙木胡索特和其他王室成员共13人。那位台吉的墓穴里,埋葬着他和另外的11个人。

除了这两处最为显眼的部分外,还另有一座重要的建筑,就是艾提卡大清真寺,在七世回王伯锡尔墓穴的西侧。一世回王额贝都拉在位时,就开始修建这座清真寺了,不过当时的规模还很小。后来,四世回王玉素甫和六世回王额尔德锡尔,又不断对其进行了扩建。如今的艾提卡大清真寺,已经成为哈密地区最大的一座清真寺。寺内有104根大红柱支撑广大的平顶,其实,原本应该是108根,但由于原埋葬一世回王最西边的小墓穴位于大清真寺的东南角，所以它的东南角部分向内凹进，并缺了4根柱子。每年的肉孜节和古尔邦节，哈密城乡的穆斯林纷纷来此礼拜，场面非常壮观。

在1931年之前，回王墓的建筑群还保存较为完好。遗憾的是，在1931年的哈密事变中，回王墓遭到了大规模破坏。伯锡尔的墓穴底部的瓷砖被剥取，顶部的葫芦形尖顶也被拆毁，大清真寺的屋顶部分也坍塌了。在之后的十几年里，因为一直没有得到很好的保护和修缮，建筑群被破坏的更加严重，甚至已面目全非。1983年，政府加

七世回王伯锡尔墓西侧的艾提卡大清真寺

大了对回王墓修缮工作的力度,以恢复原貌。如今的回王墓,风采盎然,宏观壮丽,多种风格荟萃,异彩纷呈,是一个集游览价值和历史文化价值为一体的重要风景胜地。

古韵新疆

华美的殿堂——
王府官邸

华美的"王爷台"——吐鲁番郡王府

在新疆吐鲁番鄯善县鲁克沁镇西,有一座闻名古今的王府——吐鲁番郡王府。它还有一个很阔气的名字——王爷台,因为这里曾居住过额敏和卓家族的九位王爷。

吐鲁番郡王府始建于明万历八年(1580 年),后来,在这里居住过的最著名的王爷额敏和卓被封为郡王后,又对它进行了扩建。王府占地面积 20 亩,是土木砖石结构,黄黏土夯筑而成的台基高 15 米,长 57 米,宽 40 米。台上建有高约 45 米的三层建筑,大小房间共 100 多间。这些房间采用了我国古代楼阁殿堂式建筑风格,雕梁画栋,飞檐抖拱,金碧辉煌。遗憾的是,郡王府后来毁于战火,只残存下黄黏土基址。

2005 年,人们根据史料记载,按以前的维吾尔族建筑风格、布局和规模,恢复兴建了吐鲁番郡王府。现在的郡王府占地面积 22 亩,整个宫殿建筑为维吾尔伊斯兰建筑风格,布局也融合了中原建筑艺术,并考虑了冬暖夏凉的人文特征。王府大门及院墙造型庄严、古朴,院内植有各种果树。有大小数十间房组成

《吐鲁番郡王》影视剧拍摄基地里的郡王府一景

郡王额敏和卓的沙雕像

的前后宫殿,富于装饰的楼梯、栏杆、檐口错落有致地连接着,并配以拱廊、天棚和绿化庭院。室内也模仿维吾尔家居风格,铺设地毯、毛毡,有壁柜、壁炉,并以精美的石膏花纹装饰,并在门廊、扶梯等处大量运用雕刻、浮雕工艺,更显郡王府的豪华气派。在王府周围,还有美丽、清凉的葡萄园环抱。在这里,不仅可以欣赏民族歌舞,还能品尝到美味的民族佳宴。

  吐鲁番郡王府最重要的主人,是额敏和卓。他出生于1694年,是吐鲁番维吾尔族的一位杰出的民族英雄。

  最早的时候,额敏和卓的家人世代仕在鲁克沁,后来准噶尔部兴起的时候,额敏和卓归顺了准噶尔部。康熙五十九年(1720年),清政府西征准噶尔部的兵力到达吐鲁番地区后,额敏和卓率众归顺了朝廷。乾隆二十年(1755年),额敏和卓随清军西征准噶尔,并在乾隆二十三年（1758年），又随清军平定大小和卓的叛乱。在几十年的时间里，额敏和卓为祖国统一做了很多贡献，于是乾隆皇帝封他为"吐鲁番郡王"。

俗话说，将门出虎子，在额敏和卓的影响下，他的儿子们也都个个骁勇善战。他共有八个儿子，除了长子努尔迈哈默特因病早逝外，其余的七个儿子都追随他立了很多战功。清朝皇帝非常看重他们，于是准许他的郡王之位"世袭罔替"。这样，直到清末时，他家一共有六代共九人坐上了吐鲁番郡王的宝座，居住在这座吐鲁番郡王府里。

如今的郡王府，雕梁画栋，庄重古朴，天棚、拱廊、楼梯、栏杆

额敏和卓的儿子苏莱曼为他建造的纪念塔，人称"苏公塔"。

和檐口,处处精美别致,既有典型的伊斯兰风格,又透着中原文化气息。

郡王府里游人如织,来自世界各地的游客络绎不绝。这座建于废墟之上的府邸,展现在游人面前的,是它华美的建筑和装饰,它骨子里承载的,却是几百年来的辉煌。人们看到了它今天的华贵,也就看到了它几百年前的壮美。

"西北屏障"——哈密回王府

哈密,这个新疆最东端的城市,历史悠久,文化底蕴厚重。这里不仅风景秀丽、瓜果飘香,更有闻名古今的名胜古迹。我们在这里要介绍的,就是曾一度辉煌了两百多年的哈密回王府。

回王府的第一位主人,是维吾尔族贵族额贝都拉。在清康熙皇帝剿灭准噶尔的过程中,额贝都拉做出过很大的贡献。康熙三十六年(1697年)十月,康熙皇帝仿照蒙古体制,将归顺的额贝都拉封为一等扎萨克,并保留其原来的"塔尔汗"的称号,哈密维吾尔族也被编为蒙古红回旗。

扎萨克来自蒙古,是旗长的称呼。在蒙古,一般都由王、贝勒、贝子、公、台吉等贵族充任。额贝都拉被封为一等扎萨克,相当于整个哈密地区维吾尔族的最高统治者。

从1697年额贝都拉受封,到1930年最后一任回王沙木胡索特去世,前后共233年。期间,哈密地区维吾尔族的最高统治者的职位,从一等扎萨克,升到公、贝子、贝勒,最后升到硕亲王。因此,他们统统被后人称为回王,他们所居住的府邸也被称为回王府。

康熙三十七年(1698年)额贝都拉进京觐见康熙皇帝。第二年回来时,带了从京城请来的汉族工匠,开始在哈密为自己设计建造王府。7年后,王府竣工,是为哈密回王府。后来,历经四世、五世、六世哈密王的扩建和修缮,回王府的规模不断扩大。到七世回王伯锡

回王府内建筑一景

尔时，回王府已成为一座融合中原和伊斯兰建筑艺术的规模宏大的府邸，占地数百亩，宅园相连、宏伟壮观，是18世纪时新疆地区规模最大的建筑。

回王府的建筑特色融入了伊斯兰古典建筑风格和汉族建筑艺术特点，是一个融汉、维吾尔、满、蒙古四个民族文化特色的大型建筑群。其规模之大，令人瞠目。整体建筑分为内外二宫，内宫地面与城墙同高，外形是城楼式的宫殿。据《哈密地区志》介绍，整个王府共有房800间，大小门楼9重，内部除有王爷及家眷的寝室、大堂外，还设有仿照江南园林布局的花园及清真寺、兵营、粮库、接待站等。府内长长的石阶大道望不到边，浓荫掩映，穿行其间，仿若步入迷宫。王爷台高约3丈，王爷台上庭台楼阁，金碧辉煌。往往没进回城，远远就能看见王爷台上的蒙古盔顶式箭楼。

清同治六年（1867年），七世回王伯锡尔在哈密维吾尔族和回族联军攻进回城中遇难，王府也大部分被毁。伯锡尔去世后，同治皇帝加封他为亲王,回王府的头门上便悬挂了一块写有"西北屏障"四个大字的匾。上面还写着:"御前行走、三眼花翎、穿黄马褂、御弟札萨克亲王。"

光绪八年(1882年),最后一位回王沙木胡索特对回王府进行了修复和扩建。扩建后的回王府占地100余亩,大小房屋共800多间。整个王府共有九道门,从头门到四门,是方形石板铺砌的石板路,四门以内就是砖铺路。第三道门前有一个大广场,广场南的大照壁上面画着"旭日东海"图。进第四道门后往西,是王爷台。王爷台东侧有一个门楼,门楼上悬挂着"西屏双亲王"金字大红匾额。

王府内还有大小花园。对于回王府的花园,那些清末民初曾到过哈密的文人墨客,很多人都进行过描述。如清末诗人萧雄在《西疆杂述诗》中讲述,那里"亭台数座,果木丛杂,名花异草,盆列成行"。还说那些奇花异草都是七世回王伯锡尔在京城任职的六年间,花了很

王府内高高的蒙古盔顶式箭楼

多钱买下，又千里迢迢运回来的。

光绪十二年（1886年）进士裴景福在《河海昆仑录》中也对回王府花园有所描述，他甚至认为这里的花园比中原所有的花园都要气派。他说，那里"广百余亩，土径上覆以砖，有亭馆三四座，结构雅洁，为中原园亭所未有"。

王府内的万寿宫里，供奉着从清世祖福临到德宗光绪的诸位皇帝塑像。每个塑像前都有一个朱漆牌位，上面写着皇帝的名号和生卒年月。每年的春天和秋天，回王和哈密地区的官员都会到这里进行祭祀。

几百年来，回王府辉煌如此。遗憾的是，1931年，在农民暴动中，回王府几乎被夷为平地。

现在的回王府，是在21世纪初，人们仿照哈密回王陵的建筑风格重新建造的。新王府距离王府原址几公里远，在现在的回城西北紧靠西门的地方。

王府内华丽的角楼内饰

华美的殿堂——王府官邸

王府内陈列的精美蜡像

重建后的哈密回王府既有汉族建筑艺术的雕梁画栋、飞檐翘壁，又有伊斯兰教的圆顶拱伯孜、月牙。建筑物包括城墙、王爷台、王府花园、庭院。城墙墙高8.5米，王爷台造型接近正方体，琉璃瓦屋顶，清砖灰墙，交相辉映，昔日王府的庄严肃穆依稀可见。

神奇的府邸——库车王府

新疆阿克苏地区的库车县，是古龟兹国的都城，是一个神话般的存在。这里除了龟兹古城、库木吐拉千佛洞，另有一处颇具历史文化的地方，就是库车王府。它是清乾隆皇帝为第一位库车亲王米尔扎·鄂对伯克修建的府邸。

米尔扎·鄂对伯克，原本是新疆库车地区的一位贵族。后来，准噶尔蒙古贵族发动叛乱时，作为库车、阿克苏、拜城阿奇木、回部的

最后的库车王达吾提·买合苏提

头领,米尔扎·鄂对伯克率部众赶赴伊犁,协助清廷平定了叛乱。清政府因此封他为"一品扎萨克达尔汗"和从二品散秩大臣,册封米尔扎。1758年,清乾隆皇帝为了表彰他为维护祖国统一、协助清政府平定大小和卓叛乱的功绩,特意派中原工匠为他在库车建造了一座亲王府,就是我们这里要介绍的库车王府,也叫库车世袭回部亲王府。

鄂对伯克是库车王府的第一位主人。他去世后,他的儿子袭了王位,如此世袭罔替,直到近200年后的1949年新疆和平解放,他的家族内共有十二代回部亲王。第十二代亲王是达吾提·买合苏提。"北京王"溥杰于1995年逝世后,达吾提成为中国今天活着的最后一位"王爷",如今已有八十多岁的高龄。

库车王府位于库车老城林基路街,由王府和小王府两组建筑群东西相邻组合而成,坐北向南,排列而建。西侧一组为亲王府。

到第十一代库车王买合甫孜时,王府开始衰败。到20世纪末,王府几乎成了一片废墟,只剩下当年供仆人居住的房屋和部分城墙。2004年,根据达吾提·买合苏提的回忆,库车县政府在王府原址上重新建造了库车王府,2006年建成并开放。

库车王府重建后,达吾提·买合苏提住进了王府。这样一来,库车王府不仅是南疆的一个特色景点,也成为了中国最后一个"王爷"居住的地方。

重建的库车王府占地4万平方米,建筑风格融合了中原地区和维吾尔族等建筑特色。主建筑四幢两行排列,有宫殿、凉亭、城楼等,包括府衙区、王爷家族史展馆、王府生活区、龟兹博物馆展览区、城墙游览区、休闲游乐区等。殿堂采用了中原汉建筑，其他建筑均体现了维吾尔建筑艺术风格，是库车民族建筑艺术和文化艺术的荟萃。

从王府最外面的大门走进去，首先见到的是一个开阔的场地。过去，这里曾是停放马车和轿子的地方。现在这里还停着两辆清代的马车，一辆是夏季用的，另一辆是冬季用的。夏季用的马车的帐篷是用土布做成的，整体结构和装饰都非常简单。冬季用的马车则复杂一些，不仅空间大很多，里面还有被子、褥子，以及王爷的其他生活用品。

在这北面，是一个用来颁发命令的小广场。广场后面是进王府的大门。门上方的匾额上写着"库车王府"四个字，出自中国知名书法家邱零之手。4米多高的门的顶部是一个长约6米，宽约2米的平台。每逢节庆日，会有人在这里打鼓、吹号，最多可容纳8个人。

从这道门进去，便到了真正的王府内院。内院的主体建筑是气宇轩昂的王府大殿。

库车王府内一景

大殿内门窗很大，因而室内宽敞明亮。夏天时，空气流通甚好，这里非常凉爽，但冬天却非常寒冷。王府重建后，大殿已经成为了摆放王爷们的画像及介绍他们生平的地方。

大殿的正南方，是一个建在约6米高台上的方形凉亭。站在凉亭上极目远眺，库车老城的风景尽收眼底，的确是一个登高远望的好地方。

凉亭不远处有一个古老的麻扎，那里面种满了沙枣树。每年的1月到5月，是沙枣花盛开的时节。每到这个时候，明亮艳丽的沙枣花竞相开放，香气传到十余里外，成为库车一大胜景。当地居民因此称这里为沙枣麻扎。

凉亭西侧是一个贵宾房，是原来的夏季客房。房前原来有两棵大桑树和一个面积约半亩地的池塘。如今大桑树已经没了踪影，不过幸好池塘还在。夏秋季节，池塘里荷花盛开，生机盎然。

相传，这里还曾有一棵大沙枣树，是从哈密王墓中移植过来的。这棵沙枣树枝繁叶茂，气势很足。如果谁折了它的树枝，手指就会流血。乡亲们对它非常敬仰，从来不敢轻易去碰它。

亲王府的东侧是小王府，那是亲王弟弟居住的地方。小王府有两

王府内展出的古兰经书

王府内展出的青瓷花瓶

个四合院南北错位成吕字形布置。这两处住宅是土木制建筑，外观朴素无华，但里面的设施却一应俱全，是典型的维吾尔族建筑。

为了使库车王府更具人文特色，库车县将龟兹博物馆搬进了王府里。所以，在今天的库车王府内，除了王爷和王府的重建建筑外，还有一处游客们一定要参观的，那就是这座龟兹博物馆。博物馆附近有一个小型的王府清真寺，那是王府成员们进行宗教礼拜的场所。

博物馆内的六个展厅围绕着花坛而建：龟兹春秋、龟兹佛韵、民族民俗馆、生产生活陈列馆、民间传统工艺馆和龟兹古钱币馆依次排开。这里不但有库车各大千佛洞里的泥塑佛像、彩绘残片、临摹画、出土文物等，还有一具苏巴什故城佛塔下出土的女尸。她是一位年仅20多岁、因难产而死的贵夫人。在她的骨盆里，还有一个胎儿的尸骨。

如今的库车王府，依然豪华气派，连墙面的砖块都贴得异常精美别致。在这里，我们仍然能领略到来自几百年前的古老的文化气息，在与新文化的碰撞下，这座西域名府依然光辉灿烂，并更加时尚典雅。

镇守边陲的重地——伊犁将军府

在几百年前的新疆，最具威严和气派的地方，恐怕不是雍容的王府，也不是华美的寺院，而是新疆地区最高军政长官的驻地——伊犁将军府。从乾隆三十七年（1762年）第一任伊犁将军上任，到辛亥革命时伊犁将军职位被取消，在一百多年的时间里，几乎所有伊犁将军都是清朝政府派过来的满蒙旗人，伊犁将军的重要性在此可见一斑。

伊犁将军府的建造缘于平定准噶尔叛乱。清康熙皇帝平定准噶尔叛乱后，为了维护新疆地区的统一，按照不同的地区和民族，在新疆实行了不同的地方制度。其中，在维吾尔族占主要地位的南疆，实行"伯克"制，也就是长官制。到乾隆皇帝时，为了统一管理新疆各地的驻兵屯田等事务，朝廷决定设置伊犁将军府。

伊犁将军府所在地——伊犁的美丽风光

1762年，清朝名将富察明瑞出任第一任伊犁将军。当时的伊犁将军下辖乌鲁木齐都统和伊犁、塔尔巴哈台、喀什噶尔参赞大臣以及各级办事大臣、领队大臣等，权力和管辖的范围都非常大。就在同一年，伊犁将军府初建。

清朝设立伊犁将军府后，为了巩固和保卫将军府，从乾隆三十八年（1763年）起，先后建成了九座城，分别是惠远、绥定、宁远、拱宸、塔勒奇、广仁、瞻德、熙春、惠宁，统称为"伊犁九城"。由于伊犁将军府设在惠远城里，惠远便从此成为了新疆的军事、政治中心。惠远城是第一任伊犁将军明瑞建成的，名字则是乾隆皇帝亲自取的，意为大清皇帝的恩泽惠及远方。

现在的伊犁将军府，在新疆西北部的霍城县境内。原来的伊犁将军府内建筑群规模庞大，约占惠远城总面积的四分之一。同治十年（1871年），沙俄侵占伊犁后，城内的建筑大多遭到毁坏，伊犁将军府也未能幸免。光绪七年（1881年），伊犁回归中国。清政府在距离惠远旧城北7500米的地方，重新建了一座新惠远城。在新城建成之前，伊犁将军府暂时设置在塔城等地。我们今天看到的伊犁将军府的旧址，就在新惠远城内。如今的惠远城仍是一个非常繁荣、热闹的城市。

光绪九年（1884年），新疆正式建省，省府设在今天的乌鲁木齐市。从此惠远城和伊犁将军府的政治地位逐渐缩小。到辛亥革命后，伊犁将军的建制被取消，伊犁将军府随之淡出历史舞台。后来，霍城县在伊犁将军府的原遗址上，对其进行了重新装饰。2006年5月1日，新的伊犁将军府向游人全面开放。

现在的伊犁将军府，院落内古木参天，建筑规模宏大，主要建筑有办公大厅、礼堂、亭台、曲径、回廊等。府内的堂与堂、门与门、窗与窗、墙与墙之间相互辉映，非常和谐。各建筑造型美观，精雕细琢，富丽堂皇。

游览将军府，不得不提的是它的大门，也叫辕门。将军府的大门自然与其他府邸的大门不同，它在气派中更增添了一种威严和坚实。伊犁将军府的两扇黑色大门也非常阔气，共长近6米，高约7米。门是木质结构，上面用3条木条串扣，每条串扣都由16枚土制铁钉固定，

惠远城的钟鼓楼

显得非常牢固。

大门外有一个宽敞的护门院，以前曾是军人的训练场。院子的东、西、南三面都是3米高的土打墙。在紧邻大门的一侧，墙的东西两侧分别开了一道门。在过去，有时百姓也可以从这里穿过。训练场大门对面的地方，有一面高6米、宽10米的照壁，非常气派。

进入将军府大门后，正对面的是将军府大堂。堂内悬挂有金字牌和锦旗，中间有一个虎皮宝座，这是伊犁将军召集要员、处理军政大事时所坐的位子。

这个大堂与北面的正堂，以及它们中间的东西厢房，组成了一个大四合院，是将军府的核心。

大堂的后墙上开有三道门。中间的大门是将军、都统、镇守使及他们的夫人进出的地方，而其他官员等人只能走大门两侧的小门。

大堂两侧有东西营房、客房、书房等。书房的西侧是一处小四合院，那是将军和后来的镇守使，与自己的妻子儿女住的地方。小四合院后部是金库，金库西北约200米的地方，是将军衙署。现在的衙署还存有大门、东西厢房、正房、花池以及附近的鹿圈、赛马场等建筑。

从大堂的后门出来，走约25米，才到了后面的正堂。从正堂的后门出来，则到了一个占地约二亩的后花园。花园的东北角有5间房，里面有很多花草。为了在冬季时也能使这些花草吸收足够的阳光，这些房子的顶部全部都是玻璃顶。

花园里的花草都是盆花和盆景，全部摆放在高低错落的木架上。在地上，还修有赏花用的小路。

说到路面，将军府内的其他路面也是非常讲究的。比如从大门到大堂，以及从大堂到正堂之间，都用青砖铺设了一条宽2.5米的路，路面还有精美的图案。

在府内的青松绿树之间，还有小巧玲珑的"将军亭"，是一个精巧别致的所在。

华美的殿堂——王府官邸

伊犁将军府内,不仅有美景,还有很多值得后人去留意和纪念的东西。比如我们今天到伊犁将军府去,还能看到院墙上残留的枪眼,以及在沙俄进攻时被战火焚毁的痕迹。伊犁将军府历经200多年的沧桑,对清政府巩固西北边防、维护祖国统一、防御沙俄的侵略等发挥了重要的作用。如今,修缮一新的将军府,恢复了往日的风采,成为新疆地区一个非常重要的爱国主义教育基地。

土尔扈特回归祖国的见证——满汗王府

在新疆,还有这样一座王府,它的建造时间不是最早,规模也不是最大,但它的名字却最好听,叫做和静王府,当地人俗称它为"满汗王府"。

满汗王府位于新疆巴音郭楞蒙古自治州和静县城中心,又叫蒙王

美丽的和静县风光

府,或满楚克扎布汗王府。它是南路土尔扈特蒙古部最后一个汗王——满楚克扎布的王府,这里曾是土尔扈特部落政治、经济、文化和宗教活动的中心。

与其他很多王府不同的是,这个王府的建立,与中国少数民族远离故土后又回归祖国的历史有很深的渊源。这个少数民族就是土尔扈特部人民,他们是我国蒙古族中一个古老的部落。

公元7世纪时,土尔扈特部生活在西北方额尔古纳河两岸的森林中,是一个典型的游牧民族。15世纪,他们在西迁的过程中,融入了蒙古其它部落,形成了额鲁特蒙古。在当时的额鲁特蒙古中,土尔扈特部是四大部之一,势力非常强大。后来,各大部落之间不断发生纷争,土尔扈特部便于1628年迁牧到一个离家乡很远的地方——今属俄罗斯的伏尔加河下游,并在那里建立了土尔扈特汗国。

当时的西方人称他们是卡尔梅克汗国。这个名字的由来还有一小段故事。

在鞑靼语中,"卡尔梅克"意为"迁徙者""流浪者"。有一天,鞑靼人发现伏尔加河沿岸来了一群陌生的游牧民,于是惊呼来了卡尔梅克。于是到后来,他们就一直把土尔扈特汗国叫做卡尔梅克汗国。

土尔扈特汗国在远离祖国的地方,生活得并不舒坦,总是受到沙皇俄国的压迫。于是,在乾隆三十六年(1771年),他们的首领渥巴锡带领部下17万人,冲破了沙俄政府的重重阻挠,返回祖国。同年7月,他们到达新疆伊犁。

清朝政府得知后,乾隆皇帝亲切地接见了渥巴锡等首领,还在普陀宗乘之庙内建立了《土尔扈特全部归顺记》和《优恤土尔扈特部众记》两座巨型石碑,来纪念这件事。

土尔扈特部回归祖国后,1773年,渥巴锡部率部众到珠勒都斯及开都河流域驻牧。1775年,清政府将旧土尔扈特分为南、北、东、西四路,并设立四盟。

民国16年(1927年),土尔扈特汗王满楚克札布在和静建造了一座王府,也就是我们现在介绍的满汗王府。

这是一座中西结合式的土木建筑,坐北朝南,建筑面积1000平方米。由正殿和东西两宫组合而成,共有大小房间60余间。

正殿为高大宽敞的两层楼,呈方形,四角有四个单间。二楼为供奉满汗王祖先神位之处。据说,该建筑是由满汗王的叔父多布栋策楞车敏活佛亲自设计的。多布栋策楞车敏曾活跃于20世纪二三十年代

江苏省扬州市第45届"旅交会"上展出的渥巴锡带领土尔扈特部回国的巨幅刺绣作品——《东归图》。

歌剧《苍原》中的英雄渥巴锡形象

的新疆政坛，还曾去过俄国考察。1932年在乌鲁木齐去世。

正殿东西两侧各有独立小院，分别叫做东宫和西宫，除了卧室、客厅、腾房外，还有供娱乐和储存衣饰用器的专房。西宫院内青砖铺地花团锦簇，颇有王宫庭院气派。

据中国边疆史地研究中心副主任马大正所说，渥巴锡汗嫡世孙、满汗王女儿满琳告诉他，在王府的二层，设有经房，里面专门存放王府珍贵传世之物。这些珍贵传世之物包括后来震惊学术界的三件稀世文献，它们分别是《康熙谕阿玉奇汗敕书》《雍正谕土尔扈特汗敕书》《乾隆谕渥巴锡、策伯克多尔济、舍楞敕书》。这三件敕书是清朝历史上三次重大事件的直接见证。现在，这三件文物被收藏在新疆维吾尔自治区档案馆内。

新中国成立后和静县人民政府曾设在这座宏大壮观、端庄典雅的王府里。后来，这里经过整修开辟，又成为了和静县民族博物馆。

在土尔扈特部人民的心中，渥巴锡是一位传奇英雄。他的一生虽然短暂，却无比精彩。而满汗王府也是如此，它的始建时间虽然晚于其他几座大王府，但它是土尔扈特人民回归祖国的历史见证，在新疆各大王府中占有非常重要的历史文化地位。

古韵新疆

乡土建筑的瑰宝——
传统民居

"白色宫殿"——哈萨克族的毡房

　　哈萨克族的毡房,又被称为"哈萨包",是哈萨克族人的"白色宫殿",距今已有2000多年的历史。因为建造毡房的主要材料——毛毡大多都是白色,只有少数是浅棕色或其他颜色。

　　这些状如蒙古包的一个个毡房,是哈萨克族人民最传统的家。每当暮春盛夏来临,草原上万物复苏的时候,勤劳的牧民便在广袤的草原上,搭建起无数个白色的毡房。它们就像草原上盛开的野花一样,充满自然气息,质朴却也非常漂亮。

　　夕阳西下,伴随着袅袅升起的炊烟,牧民们骑马扬鞭赶着牲畜回来。孩子们围绕着毡房嬉戏玩耍,女主人在毡房里为全家人准备可口的晚餐。男主人拴好马匹,把牛羊赶回圈里,来到毡房门口,顺手抱起最小的孩子,亲昵地逗趣一会,其他的孩子欢笑着在身边绕来绕去。

广袤的草原上星星点点的毡房

乡土建筑的瑰宝——传统民居

毡房里甜蜜温馨的母子俩

毡房内的女主人侧着身子，亲切地喊着大一些的孩子进来帮忙。远离世俗和喧嚣，毡房里的生活就是如此惬意安详。

哈萨克族人的毡房是一种简易住房，适宜于春、夏、秋季转场搬迁时居住，拆卸方便，也可以携带。除了寒冷的冬季住在土坯垒成围墙的平顶房内外，一年中的其他时间里，哈萨克族的牧民们都住在毡房里。有些牧民在冬天时也住在毡房里。冬天时的生活辛苦一些，下雪的时候，牧民要推掉场上的积雪。天气好的时候，他们要出去为牲畜寻找水源。为了使牲畜能吃上好一点的草料，他们要不断把家搬到有水草的地方去。这样一来，这种搬迁方便的毡房就很受欢迎了。

每次有人家搭建毡房，都像是办喜事一样。不仅全家人都出动，亲邻们也都来帮忙。大家热火朝天地干上一阵，崭新的毡房就出现在人们面前了。

从外面看，哈萨克族人的毡房和蒙古草原上的蒙古包相似。与蒙古包不同的是，毡房的顶部呈弧形，四壁支杆为穹窿状。哈萨克族的毡房主要有5个部分：骨架、围墙、房顶、房毡和门。

在古代，人们搭建毡房时一般都就地取材，骨架就用当地特有的红柳木。现在国家禁止乱砍树木，所以有些牧民就用钢条制作骨架。红柳木坚固且有韧性，能够起到很好的固定和支撑作用。牧民们先用红柳木做成圆栅和顶圈，再用横竖交错相连的红柳木栏杆围上围墙，然后再用几十根红柳木搭成穹庐顶。这样，一个毡房的骨架就搭好了。骨架搭好后，在围墙和顶部盖上毛毡。一个崭新的毡房基本就成型了。

毡房的围墙用横竖交错而成的木杆栅栏构成。这种栅栏一般有宽眼的和窄眼的两种，宽眼的携带方便，只是不太耐用，窄眼的虽然笨重，但很结实耐用。无论是宽眼的还是窄眼的，这些栅栏都可以自由拼合。一般的毡房，都是由4个或6个栅栏块拼合组成的。

毡房顶部中央有一个天窗，上面盖着可以活动的毡盖。平时，牧民们就把这个天窗打开，用来通风采光，遇到风雪天时再把它盖上。

哈萨克族牧民正在搭建的毡房

乡土建筑的瑰宝——传统民居

哈萨克女子正在纺织巴斯胡尔。巴斯胡尔是一种既能加固毡房的木栅栏又可以美化毡房的彩带。

在栅栏围墙的外面，牧民们会围上厚实的房毡。不过，房毡的里层还有一层草帘。围墙外的草帘一般是用羊毛捻成的线和芨芨草编织而成的。在这些草帘的外面，盖上一层厚厚的羊毛毡，既暖和又结实。

毡房的门很有讲究，一般人家的门都是1.5米高、0.8米宽。房门大多朝向东面，但在不同的地理环境下，也会有其他不同的情况。

不同人家的毡房内部的陈设与布置很相似，堆放东西和住人的部分要分开。如果以门口的位置为外的话，里面的右侧一般是主人用的床，左侧摆放着用于存放贵重物品的木箱或木柜。箱柜两侧整齐地叠放着被褥，并用各种花布盖好。它的前面有非常漂亮的坐垫，那是平时招待客人的地方。待客的地方空间很大，即便有十几位客人，也不会觉得拥挤。靠近门口两侧是放马具、做饭、拴幼小的牲畜的地方。在整个毡房正中心到门中间的地方，是放置火炉的地方。这个炉子既能取暖又能做饭，旁边放着烧奶茶的"撒马碗儿"茶炊。哈萨克族对

141

火是非常崇拜的，在他们看来，火是非常神圣的，所以毡房内的火炉不能随便移动，否则会冒犯火神，导致家里的牲畜丢失。

在以前，只有那些族长或牧主那样的人才能住得上宽敞洁白的毡房，一般的牧民只能住在简陋的小毡房里，有的牧民甚至连破旧的毡房都住不起，只能住在地窝子里。地窝子就是在地下挖个坑，再进行简单的遮挡，当作居室。

新中国成立后，牧民的生活条件得到了很好的改善，一些流动很大的居民，逐渐搬到了定居点，并在那里盖了一些新式的住房。很多牧民都能住在崭新的毡房里，还能置办几件像样的家具，房里的装饰也比以前漂亮了很多。

开天窗的塔吉克族"蓝盖力"民居

早在先秦时代，塔吉克先民就已是帕米尔高原这块土地上的主人。今天，新疆帕米尔高原东北部的塔什库尔干塔吉克自治县，是塔吉克族人聚居地之一。几千年来，塔吉克族人在这片土地上耕种放牧，吸取东西方文化的精华，创造了自己颇具特色的历史与文明。

我们要介绍的"蓝盖力"，是塔吉克族人民智慧的结晶。"蓝盖力"是塔吉克族人的传统住宅。在新疆塔吉克自治县，随处可见一些样式新奇的房子——方方正正的平房屋顶上隆起一个方形的天窗，那就是"蓝盖力"。本来，蓝盖力是塔吉克族人住宅的正房，他们后来也把这种独具特色的住宅整体叫做蓝盖力。

塔吉克族人中，那些过着半定居半游牧生活的，秋冬两季时住在村庄里，春夏时则住在牧场的毡房里。另外一些定居在农村的人，就住在蓝盖力里。

传统的蓝盖力是土木结构的正方形平顶屋，墙壁多用石块、草皮砌成，厚度大约在一米左右，非常牢固结实。这种房子高度很低，只有 2.2 到 2.5 米左右，不过它的面积很大，里面有主房、客房、库房、厨房等多个不同功能的空间。蓝盖力是他们的主房，有些人家里没有其他房间，全家人就都生活在一大间蓝盖力里。此外，蓝盖力还是塔吉克族人说亲、订亲、击鼓祝福和举行婚礼的地方，其他的大型活动也在这里举行。这个房子因此又被当地人称为"麦丽开吾依"，意思是庆典之屋。因为功能所需，这个房间的面积才会很大。

蓝盖力的门一般都开向东方，意思是永远朝向光明，当然也有躲避西北风的作用。门口处有一堵矮墙，使进门后的空间形成了一个缓冲间。缓冲间不仅可以避免冷风吹进主房，墙后的位置还能放置靴子。绕过土墙后，便进入了正房。

房间内四周的墙上没有窗户，只在房顶的正中间处开一个天窗。从这里投射进来的光线，是整个房间内的主要光源，同时它也是通风和排烟的主要通道。冬天时，塔吉克族人会把窗子封死，只留一个小口，做饭的时候把它打开，用来排烟，不用的时候再关上。在天窗的

塔吉克族一家人

正下方，有一个大炉灶，那是人们做饭的主要场所，也是冬季取暖的主要来源。灶膛深而大，这在高原缺氧的地区可以保证燃料燃烧时能够得到充足的氧气。燃料一般都是牛粪、苁苁草和晒干了的灌木枝条。灶台两边用两截土墙将房屋隔开，灶台后面的部分被用来放置各种灶具和进行炊事活动，有小间储藏室，存放油、肉、干果和粮食等。

屋里有5根柱子支撑着房架。与这个数目相同的是，架起的天窗的木板也是5层。据说这种设计出自塔吉克族大诗人、伊斯玛仪派哲学家纳塞尔·霍斯鲁。这5根柱子和天窗上的5层木板，是为了纪念伊斯玛仪派的五位先知而设定的。塔吉克族人认为，有先知支撑着他们的房子，他们就会一生平安。

除了进门的那一侧，屋里另外三面都有土炕。左侧的炕是供家里的老人休息和睡觉的地方，当有客人来访时，也坐在这里，晚辈则只能用右侧的炕。对面的炕主要用于放置物品，人口多的人家，也把那里当作供孩子休息的地方。白天时，所有的被褥都整整齐齐地叠在炕的一边，五颜六色的花面非常鲜艳。炕上铺有毡子、羊皮或一种被称为"帕拉斯"的粗毛毯，经济条件好的人家就铺地毯。人们在上面吃饭、休息、做针线活、纺羊毛线或聊天。

传统的蓝盖力里没有桌椅板凳等家具，吃饭的时候，全家人都围成一圈坐在炕上，其乐融融。其他的家具也很少，一般只有炉台附近才摆几件简单的家具，用于存放家里的贵重物品。

室内墙壁用草泥抹面，不粉刷也不装饰。由于炉灶在室内，墙壁日久便被熏黑，加上仅靠天窗采光，因此室内显得暗淡柔和。墙上挂着艳丽的花布，有的人家里还挂着绣着塔吉克图案的壁挂，非常华丽，且富有浓郁的地方特色。

蓝盖力的屋顶比较平，可以用来晾晒粮食。由于它中间高，四周低，每到下雨时，雨水可以很快排掉，不会形成积水。

一些人口多的富裕人家，还会在主房之外另设客房和卧室，并在房屋周围修建走廊、宽大的屋檐等。牛羊圈或柴草房一般建在"蓝盖力"的一侧。有的人家还在院内外种植树木成为完整的庭院。

传统的蓝盖力光线很差，条件不好，随着生活水平的日益提高，很多人家对房间进行了改造。他们保留了天窗和柱子，但在墙上开了窗子。柱子也不再像以前那样简单，大多都刻上了装饰花纹。炉灶也有了专门的烟囱，使室内的空气环境好了很多。

塔吉克族人在天窗下做饭

牧民夏季上山放牧，大多住在毡房里，或住在牧场的简陋的矮土屋中。这种矮土屋的形式与"蓝盖力"相似。住在县城或附近农村的塔吉克族人的住宅，要比牧区的精致一些，一般为土木结构或砖木结构的平房，屋内还分出了几个不同功能的空间，老人、夫妇和子女都各有自己的房间。每间房屋砌有壁炉，单独取暖，砌有土台或购置木床，少有其他家具，没有复杂、艳丽的装饰。

半牧半农、半游牧半定居的生产生活方式，使得塔吉克族人长期以来维系和保持着传统的大家庭形式，通常，一间蓝盖力里住着一家几代人。家族中辈分最高的男子主持生产活动和家庭生计，父亲教儿子畜牧业和农业的生产技术和劳动技能，母亲教女儿挤奶和做饭，全家人其乐融融地生活在一起，幸福而温馨。

"明亮的处所"——维吾尔族的阿以旺民居

从地域文化的构成形态上来看,新疆是一个相对独立的地域文化板块。由于地理环境和民族文化的不同,使这里产生了独具特色的民族艺术。

民居作为当地居民日常生活的场所,其风格和造型艺术最能体现民族的文化艺术。走在新疆,大片新奇的住宅错落有致,住宅内别具风味的结构和装饰竞相争艳。这是一块汇集了新疆人民几百年甚至几千年智慧精华的宝地,当地人民的传统民居,则是一件件独一无二的艺术瑰宝。

在维吾尔族人民中,最普遍、最受欢迎的居室,当属阿以旺民居了。阿以旺具有十分鲜明的民族特点和地方特色,距今已有2000多年的历史。在新疆,阿以旺民居主要分布在沿塔里木盆地沙漠边沿的城镇和农村,特别是塔里木盆地沙漠南沿的于田、墨玉、民丰、和田、莎车、喀什等地,最北到库车、拜城为止。

本来,"阿以旺"是维吾尔族人民的房子中的一个厅的名字,叫做阿以旺厅。后来,人们就干脆将带有这种阿以旺厅的房子,叫做阿以旺。

阿以旺在维吾尔语中,意为"夏天的住所",也意为"明亮的处所"。和它的名字一样,维吾尔族人民的阿以旺确实都是非常明亮的。南疆地区干旱少雨,连农民灌溉土地用的水,也大多来自天山融化的雪水,所以,这里的人们一年四季的大部分时间都可以到户外活动。也是因此,他们的居室便有了夏天用的居室和冬天用的居室之分。其中,夏天所用的居室,即夏室,就是我们在这里说的阿以旺厅。

阿以旺厅是阿以旺居室中,面积最大、空间最高、装饰最精美又最明亮的房间。厅里通常有两到八根柱子做支撑,柱子的顶部会突出房顶,在高出来的地方设有窗子。这样的设计使厅内的光线更加充足。

乡土建筑的瑰宝——传统民居

维吾尔族人精美的挂毯

在柱子周围，是 2.5 至 5 米宽、45 厘米高的炕台，炕台上常年铺有地毯。维吾尔族人民不仅把地毯铺在炕台上和地上，也把它们挂在墙上，称为挂毯。挂毯的面积一般都比较大，有的几乎可以占据整面墙壁。伊斯兰教禁止以动物和人物图案作为装饰品，所以毛毯的图案大多是几何形的组合，或者是植物图案，色彩极其艳丽丰富，装饰效果非常好。

夏室里的炕台是人们平时吃饭、纳凉、休息和待客用的地方，也是老人养病，妇女纺纱、织毯子的地方。每到欢庆的节日，大家一起欢唱跳舞时，也是在这个地方。在每年的 5 月到 11 月，人们都可以在这里休息，即宽敞又凉爽。

在以夏室为中轴线的正上方，通常有三个房间，当地人称它们为沙拉伊。一般的阿以旺式住宅，都由一个阿以旺厅搭配一个沙拉伊，当然也有个别的住宅会由一个阿以旺厅搭配两个或多个沙拉伊。组成沙拉伊的这三个房间通常是一明两暗，开间大但进深小。两侧的是暗间。中间的是明间，做会客室用。房间的窗子开在墙上很高的地方，窗口很小。在靠近后墙的地方，通常有约 40 厘米高的实心土炕。炕边是正片的木棂花落地隔扇，把炕和室内空间分割开来，同时也起到很好的装饰作用。

沙拉伊的门前有通道，冬室一般都设在通道的一侧。相对于夏室而言，冬室的结构和装饰与其有很大的不同之处。

冬室里设有壁炉和墙龛。壁炉可以使房间内非常暖和。人们再在地上铺上地毯，就可以随意睡在地上了。设计精美的墙龛既可以储存物品，又可以当作装饰品。屋子里的地面与夏室的地面是一样高的，人们进屋后便可席地而坐。

冬室内的墙龛是非常有用的。维吾尔族人民的住宅建筑一般都是土质的，所以很容易从墙上挖几个孔洞出来，于是人们就在墙上开一些洞，设计成墙龛。这些墙龛大多是拱形，也有的是直行或三心形等。一般的人家用压膜印花的方式来装饰这些墙龛。在建造房屋时，趁着

精美的墙龛

墙面上的泥还没有干，他们会用事先准备好的刻有花纹的木制模板，压在墙上，制作出花纹。墙面干透后，就出现了精美的花纹装饰。这是一般人家装饰墙龛的方法，而富裕人家的方法要复杂一些，他们会用石膏做出各种立体的图案，然后再涂上油漆。有些人家会把墙龛做得很大，把不常用的衣服和被褥等放进去，然后在外面挂上挂毯，既美观又实用。

冬室一般没有窗子，即使有窗子，也是开在面向宽廊的一面，而且位置很低，长度也比一般的窗子长，以便采光。为了防风沙，人们会在这些窗子的外面加设护板窗。维吾尔族人民的习惯是不在房间的后面开窗子，除非是个别房间过于高深时，才在后墙上开设高窗。

冬天时，人们基本都在冬室内活动。因而这里的餐室、淋浴间和储藏间等一应俱全。富裕的人家有时会把餐室单独分出来，设在冬室的一侧。像这种随意地安排房间，在阿以旺中是非常常见的。人们一般不按照设定的规律安排自己的房间结构，只根据空间和自身需要以及财力等规划自己的居室。所以，阿以旺式住宅的平面布置一般都非常灵活，不求对称。但通常，除了冬室需要保暖外，其他房间基本都围绕着阿以旺厅布置。

一般而言，每户阿以旺住宅里，都有一间上房。上房不仅非常宽敞，而且装饰更加精美。那是维吾尔族人民用来招待亲友和贵客的房间。所以，如果你到阿以旺人家去做客，能被他们在上房招待，那将是非常荣幸的。

维吾尔族人民在装饰柱子方面别有一番技术。开始时，他们在装饰柱头时，只是将它们做成一些特殊的形状，如鼓形、球形、倒六棱柱形等，后来，随着技术的进步和外来文化的影响，在柱头装饰上，逐渐出现了木拼贴技术。也就是采用拼叠的方式，制作出各种新型的柱头。这样，这些新奇的柱头，再配以雕花的柱身，一个个精美别致的柱子就出现了，成为了维吾尔族人民装饰建筑的一大特色。

房屋的顶部，一般也用这种拼叠的方式来装饰，再加上雕刻，就显得更加美观了。有的人家将顶部分割成规则的正方形或长方形，也有的人家把他们做成类似藻井的形状。总之，无论采用哪种分割方式，这些屋顶结构和装饰都是非常精美且丰富多彩的。漂亮的屋顶和精美的墙面、柱子，以及多样的地毯等，相映成趣，使整个房间增添了无限生机。

我们上面介绍的都是阿以旺住宅内部的结构和装饰，其实它的外部也很有特色并非常美观。

从外面看，阿以旺式住宅几乎是全封闭的，除了大门口外，几乎很少有孔洞。这样的建筑抗风沙能力强，而且私密性好，居住安逸。为了更好地达到冬暖夏凉的效果，阿以旺式住宅采用了密梁的建造模式。另外，厚实的土质墙也能很好地起到隔热的作用。维吾尔族人民看到了当地泥土黏性强又容易脱水成型的特点，于是用这样的泥土建造了这些土质墙。

一些大的阿以旺式民居里，通常有两三个以阿以旺厅为中心组成的房屋。整座房屋或者位于庭院中部，或者位于一角。在院子里，通常还会有敞厅、果园、花园、水池、家庭清真寺等。

一般的阿以旺都是单层建筑，在人口密集的地方和城市里，后来又发展出了两层的样式。这种两层的阿以旺与传统的单层阿以旺有一些不同的地方。在上下两层之间，用楼梯或马廊连接，夏室一般设置在第一层房子的房顶上，当地人也称其为晒台。南疆地区降雨量少，所以一般的屋顶都是平的。这种屋顶正适合人们用做活动场所。为了遮阴，人们会在晒台上搭设架棚。另外，这种两层的阿以旺还通常建有半地下室，用来储存物品。为了减少住宅占用空间，很多人家还把部分房间架在街巷之上。

在整个阿以旺式住宅中，相比于室内较固定的装饰部位，室外的装饰不仅更加多样，也更加具有民族和地方特色。

整个阿以旺中，除了外墙朴实无华外，其他的地方大多都装饰的非常艳丽精美，大多是粉饰及彩绘，形成各种不同的图案。这些图案表现复杂，具有超强的想象力。从装饰颜色上看，人们非常喜欢通用蓝色和绿色为主来装饰阿以旺，这是伊斯兰教的独特风格的表现。

在房屋的前室和庭院之间，大多用木棂格扇作分隔。棂格的图案虽然大多都是简单的几何图案，但变化丰富，整体看上去非常复杂多样。

维吾尔族人民特别喜欢花木。院子中有了花木的装扮，便显得色彩多样，更加有活力。几乎每户人家的院子里，都有棚架。这些棚架上要么挂着一串串葡萄，要么挂着葫芦、牵牛花等生机盎然的植物。这种花木与彩绘争奇斗艳、瓜果与住宅互相搭配的场景，别具一番风味。

近年来，随着生活水平的不断提高，很多维吾尔族人民家里修筑

院落内遮天蔽日的葡萄架

了砖混结构的、具有民族风格的小楼房。而随着一些老城区的整改，传统的阿以旺也以新面貌呈现在人们面前。

维吾尔族的"客房"——米玛哈那民居

在新疆的维吾尔族人民中，除了阿以旺这种最受欢迎的住宅形式外，还有一种形式也普遍受到欢迎，叫做米玛哈那式。在清末民初时，这种住宅就在新疆非常普遍了。与阿以旺类似的是，"米玛哈那"原本也是这类住宅中一个房间的名字，后来演变成了住宅整体的名字。

维吾尔族的米玛哈那式民居中，一般由三种不同形式和功能的空间组成，有米玛哈那、代立兹和阿西哈那，通常都是一明两暗。其中的米玛哈那是客房，是整个住宅中最为重要的部分。代立兹是前室，阿西哈那是集厨房、餐室、冬卧室于一体的空间。

在汉族和其他少数民族中，也有一明两暗的空间配置情况。但维吾尔族人民的米玛哈那与这些住宅比起来，无论是房间大小，还是整体布局，都有着很大的不同之处，具有明显的维吾尔族特色。

我们先来了解一下整个米玛哈那式民居中最重要的部分——米玛哈那。

米玛哈那呈横向布局，面宽约9米，进深5至7米，是整个住宅中最为宽敞明亮、装饰的最为漂亮的部分。在靠近院子的一侧开有一些窗子。这些窗子的窗台都非常矮，使得房间内更加明亮。窗户上的窗帘通常有两三层，且质地都不相同。在没有开窗的另外三面墙上，通常会有几个代替家具的精美墙龛。天棚是经过雕刻的木梁，地面铺的是鲜艳的地毯。这样的米玛哈那既是当地居民的主卧室，也是他们的待客室。而且，每到喜庆日子时，他们还在这里吹拉弹奏，歌唱跳舞，非常热闹。

代立兹在整个住宅的中间位置，是进入米玛哈那和阿西哈那的过渡空间，其中的一部分空间的作用有些类似于汉族住宅中的玄关。代立兹的面宽要窄一些，一般是2.7米，进深则与客房相同。它分前后两部分，前半部分是门斗，主要起防风沙、保暖隔热的作用。主人回到家里，或者有客人来访时，换鞋更衣也是在这里。有时，人们还在这里为客人准备配餐。后半部分一分为二，面向客房的一面是沐浴室，另一边面向餐室，是存储室。

阿西哈那平时被用作厨房和餐厅，冬天时，也用作卧室。一些地方的燃料紧缺，且价格很高，对于一些经济条件并不好的人家来说，这样一火两用，可以省不少燃料。南疆的阿西哈那的门靠一角安装，

维吾尔族人的细致精美的地毯

北疆的则居中安装。房间里三分之二的部分都是30至50厘米高的炕,炕上满铺地毯或毡子。门口对面的墙上一般有三个墙龛,与米玛哈那里的一样,也是一大两小。虽然同为卧室,但相对于米玛哈那来说,这里的装饰与其相同,装修条件却要差一些。

在这一组房间的前面,通常有一条比较宽的柱廊。但这条柱廊的主要作用不是供人们通行,而是供主人们进行日常的家庭活动。这里设有宽2米、高45至60厘米的炕台,其作用有些类似于阿以旺式住宅中的炕台。平日里,人们就在这里待客聊天、纳凉休息,老人养病、妇女劳作和孩子玩耍都在这里,有时还在这里做饭、吃饭,夏天也在这里睡觉。

米玛哈那式民居在新疆的维吾尔族人民中非常普遍,几乎分布于全疆各地。随着各地的气候特征、地理地势、物质条件、人文历史、传统文化等因素的不同,人们的米玛哈那式住宅也有一些不同的地方,往往呈现出当地独有的特色之处。

在喀什、和田、库车等地，很多人家将窗子对面的墙上的墙龛设置成一大两小。中间的大墙龛主要存放衣物和被褥，两边的小墙龛当作小壁柜用。侧面墙上的墙龛下面，人们会安置用于采暖、烧茶的壁炉。整个房间被壁炉分成前后两部分。后半部分铺着地毯，设有炕台，是存放箱子、待客、进餐、就寝的地方。前半部分不铺地毯，是一般活动的场所。门前通常有一条用于渗水的小水沟，比地面低10厘米左右。

北疆的一些客房，为了减少外墙的散热面，会设置成方形。门对面的墙上一般没有大壁龛。侧面墙上开两到三扇双层的窗子，一层是玻璃窗，一层是向外开的双扇木板窗。墙龛的装饰相对简单，木板地面，且房前没有渗水坑。

吐鲁番地区的客房，墙龛数量较少，房间后半部有用于采暖的火炕，只有很少的人家的房间里会设渗水坑。相对于南疆的米玛哈那而言，室内装饰相对朴素一些。

"高崖上的土陶"——喀什高台民居

说起新疆的传统特色民居，不得不提一提喀什的高台民居。有人说，不到喀什等于没到新疆，没见过高台民居等于没游览过喀什。高台民居的重要性不一般吧。

喀什的高台民居位于噶尔莱城东南端的黄土高崖上。开始时，高崖的南端和北端是相连的。9世纪中期，喀喇汗王朝还曾在高崖的北端建造王宫。但后来，几百年前的一场洪水把它们冲开，分成了南北两部分。它的南端，就是高台民居所在的地方。

维吾尔语中，称高台民居为"阔孜其亚贝希巷"，是"高崖上的土陶"的意思。高崖上的土陶这个名字，与几百年前生活在这里的人有关。当时，一位烧制土陶的工匠发现这个土崖上有可以用来做土陶的"色格孜土"，于是就在这里建造了一个土陶作坊。后来，这里的

新疆喀什高台民居全景

土陶作坊数量逐渐增多,规模也逐渐扩大,很多土陶艺人都住在这里。那时的人家里随处可见土陶制品,人们的洗脸盆、洗衣盆、水缸、油灯都是土陶制作的,甚至婴儿的摇床都不例外。慢慢地,随着其他制品的普及,土陶制品逐渐被取代,随之淡出人们的生活。但是,"高崖上的土陶"这个名字却一直传了下来。

　　远远望去,高台民居最主要的特色是房屋院落依坡地地形修建,高低起伏,错落有致。那是因为受到人口增加、宅基地少的限制,人们没有足够的平面空间建造房屋,于是便把房子向高空发展,一个家族的人都住在这里。房子有平房也有楼房,大多是两到四层,高的还有依土坡而建到七层高的。这里的房子院落通常都是父传子,子传孙,许多房子都传了六七代,有很多都已经有四五百年的历史,百年老屋更是随处可见。这里居住着600多户人家,共2000多人,全部都是维吾尔族,所以这里还有大小共7座清真寺,供人们做礼拜用。

走到高台民居近处，就好像走进了维吾尔族的风情画中一样。大小不同的院落随意布置，墙外便形成了无数条弯弯曲曲的小巷。巷子的路面凹凸不平，沧桑感十足，但都很干净。在一个巷子的入口处，有一棵繁茂的千年古树。那里有一座清真寺，每天都有虔诚的穆斯林按时到这里做祈祷。

据说，这里的巷子没有一条是直的。条条曲折幽深，相互连接，四通八达，置身于此仿佛进了迷宫一般。外地的游客如没有人带领，多半是要迷路的，要么就会走进死胡同里出不来。不过，这些巷子的活胡同和死胡同是有区别的，只要识别了它们的不同之处，哪怕是初次到访的游客也不会迷路。它们的不同之处，就在与地面所铺的地砖不同。无论巷子宽窄，只要地面铺的是条形方砖，就一定是死胡同。如果铺的是六棱水泥方砖，那就是活胡同。所以，如果在巷子里迷了路，只要找到六棱方砖的地面，就算找到了"出路"。

除了层次复杂的院墙，大小高矮的房屋也使原本曲折的巷子增添了一份神秘。这里的房屋的整体形

高台民居中蜿蜒曲折的小巷

状没有规律，完全按照空间条件和人们的需要随意布置。有的房屋跨过街道而建，成为"过街楼"。这样的房屋设计既不影响街上行人出入，又不影响楼上的人居住，一举两得。除了过街楼，还有一些"半街楼"，就是占了街道一部分的房子。这些房子忽高忽低，忽大忽小，忽进忽出，挥洒随意，别具情调。虽然看上去都是摇摇晃晃、松松垮垮的，但实际上都非常牢固。

居住在这里的人们犹如这些随意挥洒的房子一样，也是非常安详随和的。虽然现在这里已经开放成旅游景点，每年都有很多人前来参观游览，但无论外面的世界多么喧哗热闹，这里的居民总是非常随性，自己该干什么就干什么，该怎么生活就怎么生活，不会因为游人的到来而影响自己的日常生活。

民居的沿街外墙大多都是由土坯砌成，外面再抹上一层麦草泥，几十年甚至百年都不会变样，也有一些人家的院墙用白石灰涂刷。无论是哪种情况，这些院墙的外面都是非常简朴的，既没有什么花纹，也没有其他的装饰，几乎每户人家都是如此。要说有不同

维吾尔族人家院落一景

乡土建筑的瑰宝——传统民居

的地方，那就是他们的大门了。这些人家的大门大多都是两扇，但各自的样式、图案花纹和材质不尽相同。

据说，这些门都开得非常讲究。前来拜访或做客的人，要想确定自己此时适不适合进去，只要看他家的大门就行了。如果两扇门都关着，说明此时男主人不在家，只有女主人在家，不欢迎有人来访。如果一扇门关着，另一扇门开着，说明男女主人都在家，但来访者要敲门并得到允许后才能进去。如果两扇门都大开着，说明主人随时欢迎有人来访，来访者可以不必敲门，直接进去。

我们看过高台民居的外面，再来看看它的里面。它的外面如此朴实无华，里面却非常精美别致，就像清代诗人萧雄在《屋宇》一诗中所说的那样："黄土为墙四面齐，数橼如砥覆新泥。却叫满地铺成锦，相率家人一室栖。"外面是黄土墙，里面却是满地锦。

随便走进几户人家的院子，都会令游客惊奇不已。里面精美细致

民居内一户人家里的室内装饰

159

的装修和装饰，与朴素的外墙相比，简直是两个完全不同的世界。

一般人家的院子的封闭性都非常好，这与当地的自然环境有很大关系。这样的院子能阻挡风沙，使人们的生活更加安逸。院子内空间利用多有不同，但无一例外的都栽种着各种果树和花卉。大一些的院子里都有回廊，回廊的立柱上都雕刻着各种花卉图案，土炕上铺着花毡地毯。葡萄架和回廊顶部连在一起，葡萄藤顺着架子爬上回廊顶，既好看又凉快。夏天时，一家人坐在回廊的炕上，相互嬉戏，其乐融融。

房子大多是用泥巴和杨木搭建而成的。建造房屋时，人们只是将杨木的枝杈去掉，但没有进行刨削加工，便直接用来架构和支撑屋顶、阁楼和阳台，别有一番趣味。维吾尔族热情好客，十分注重礼节。如果有游客到当地人家里去拜访，主人一定会非常热情地接待他们。

高台民居是喀什这座历史文化名城诸多景观中非常具有代表性的一处。它已经成为喀什甚至新疆的一张名片，向世人传递着深厚的维吾尔民族文化内涵和底蕴。当地政府也意识到高台民居的重要性，于2008年前基本完成了旧城的保护与改造。如今，这里的居民生活发生了翻天覆地的变化，基础设施完善，水、电、燃气方便每家每户，有线电视、电话等设备也一应俱全。不得不说，这里确实是一个适合居住又颇具旅游特色的好地方。